El Manual
de los Macabeos

Antes y ahora

Moshe Pitchon

Diseño de la tapa: Ofra Ben-David
Revisión de la versión en español: Susi Giser

A Jeff Levis

*A mi espléndido primo,
judío griego de 97 años,
que me inspira con su
amor por Israel y sus
conocimientos judaicos.*

Miami, enero 2025

Contenido

Introducción

Durante cientos de años, los judíos de la antigüedad vivieron bajo el yugo de diversos imperios: los asirios, los babilonios, los persas, los reinos helenísticos de Egipto y Siria, los romanos y sus sucesores cristianos. A lo largo de todo este extenso período, rara vez se rebelaron, incluso cuando se les provocaba.

Dentro de este marco de subyugación a las grandes potencias, la revuelta macabea, el posterior estado independiente de los asmoneos y la expansión de la nación judía más allá de las estrechas fronteras de Yehud fueron acontecimientos únicos en la historia del pueblo judío.

Esto es, hasta la instauración de la tercera mancomunidad judía independiente en tierra de Israel en el siglo XX.

Los historiadores argumentan que la relevancia del período macabeo radica en que, tras siglos de estar bajo el dominio de diversos imperios, la insurrección macabea marcó el inicio de una participación activa del pueblo judío en su propia historia.

Si se reemplaza «macabeo» en la declaración anterior por "sionismo", se puede argumentar que, dos mil años después, el pueblo judío enfrenta los mismos retos y oportunidades que los enfrentados por los asmoneos.

Es verdad que el contenido es diferente. Sin embargo, la escena, la trama y los personajes mantienen una notable similitud. Se podría argumentar que esto no es sorprendente, dado que la opinión generalizada es la de que la historia siempre se repite.

Este postulado de la reincidencia de la historia fue una convicción predominante en la mitología griega y entre aquellos que se encontraban bajo el influjo de la cultura helenística. Incluso el *Eclesiastés* bíblico, probablemente redactado en el siglo III a.C., durante la época de dominación ptolemaica, poco después de la conquista de Alejandro, afirmaba famosamente:

> *Lo que fue, eso será, y lo que se hizo, eso se hará;*
> *¡No hay nada nuevo bajo el sol!*[1]

No obstante, el filósofo francés Voltaire manifestó que esto era un error de óptica. *'La historia nunca se repite a sí misma,'* dijo, *'los que se repiten son los seres humanos.'*

Incluso la teología judía, cuando es llevada a su conclusión lógica, debe reconocer que ni siquiera Dios posee un control absoluto sobre el futuro, dado que este está considerablemente influenciado por las acciones de quienes viven en el presente.

Si el pueblo de la tercera mancomunidad judía—el actual Estado de Israel, fundado en 1948— repite las mismas ideas y acciones que causaron la destrucción de la mancomunidad judía creada por los asmoneos, se confirmará una vez más la sentencia de George Santayana: «Aquellos que no pueden recordar el pasado están condenados a repetirlo».

El período asmoneo se extendió cien años. Desde la victoria sobre los seléucidas en el 164 a.C. hasta la entrada de los romanos en Jerusalén en el 63 a.e.c.

Los asmoneos, también conocidos como los «macabeos», eran una familia sacerdotal rural, perteneciente a la orden de los

---

[1] *Eccl.* 1: 9

joaribes,[2] encabezada por Matatías. Sus miembros ascendieron al cargo de sumo sacerdote y posteriormente se autoproclamaron monarcas.

La notoriedad de los asmoneos – sustentada por su conquista de un vasto territorio que abarcaba Galilea, Transjordania, Idumea[3] y gran parte de la llanura costera- fue consecuencia de su respuesta a la política de los seléucidas. Este imperio helenístico incluía la actual Siria y Líbano, así como partes de Israel, Irak y Turquía.

Los «macabeos» eran los herederos espirituales e ideológicos de Nehemías, el gobernador persa judío que, casi trescientos años antes, había integrado la etnicidad ritual en el ámbito político.

La religiosidad judía de este linaje de sacerdotes guerreros se sustentaba en un régimen absoluto que sostenía que cada rincón de la existencia debía obedecer las directrices de una ley superior, tal como concebida por su comunidad.

Si bien la tradición ha sostenido que la insurrección macabea solo fue una reacción contra la helenización, esta afirmación no es completamente exacta.

La cuestión no se encontraba en la helenización en sí, dado que numerosos componentes de la cultura helénica ya se habían infiltrado de manera inadvertida en el mundo judío.

Los asmoneos, por ejemplo, erigieron monumentos, losas de piedra ostentaron sus tumbas; acuñaron monedas inspiradas en

---

[2] Joarib (en hebreo: יְהוֹיָרִיב Yehōyārîḇ, "Dios es contendiente"), patriarca de una estirpe de sacerdotes, quienes fueron la primera de las 24 ramas sacerdotales establecidas por el rey David. El Talmud de Jerusalén (*Taanit* 4: 5 [24a] menciona que este este grupo estaba a cargo del servicio en el templo de Jerusalén cuando los romanos lo destruyeron en el año 70 a.e.c.
[3] Los edomitas poblaron la tierra en y alrededor de la ciudad de Hebrón, conocida por su nombre griego de Idumea.

diseños griegos; emplearon mercenarios y adoptaron títulos reales, además de nombres, atuendos y símbolos helenísticos.

Mostraban el mismo comportamiento que otros monarcas contemporáneos, tales como celebraciones en las que bebían; mantenían amantes junto a sus legítimas esposas, y llevaban a cabo persecuciones contra familiares de quienes se sospechaba que escondían objetivos personales y políticos.

Los asmoneos no expulsaron el helenismo de Yehud: lo que expulsaron fue el politeísmo. Los macabeos lograron desterrar a las deidades helénicas al tiempo que absorbían la cultura helenística convencional.[4]

Ultimando a un judío que estaba ofreciendo un sacrificio en un altar griego en el villorio de Modi'in, el anciano sacerdote Matatías, «celoso de Dios»,[5] creó, en el año 167 a.e.c.., la primera víctima de esta revuelta.

Como lo resumió el filósofo israelí Yeshayahu Leibowitz: «La guerra de los asmoneos estuvo dirigida principalmente contra los judíos y no contra los griegos».[6]

Los asmoneos, como todos los gobernantes totalitarios, solo sabían «cómo amalgamar el poder religioso y el político y cómo explotar las esperanzas religiosas a fin de instigar intrigas políticas».[7]

En consecuencia, el restablecimiento de la soberanía en manos de los asmoneos no unificó la nación, sino que, por el contrario,

---

[4] SAND, SHLOMO: *The Invention of the Jewish People*, pp. 156-157.
FACKENHEIM, EMIL, L.: *Encounters Between Judaism and Modern Philosophy. A Preface to Future Jewish Thought*, p. 97
[5] *1 Mac.* 2
[6] "Discourses of the Jewish Holidays"
[7] BUBER, MARTIN: "The Holy Way" in *On Judaism* [Nahum N. Glatzer ed.], p. 120

exacerbó las luchas sectarias, las que desembocaron en una guerra civil.

La rápida adquisición de territorio ocasionó profundas transformaciones sociales en la población. El incremento significativo de la población oficialmente denominada "judía" en Yehud desencadenó una división creciente entre grupos que anteriormente mantenían una cierta armonía. Esta transformación demográfica generó cuestionamientos profundos acerca de la forma "correcta" de ser judío, lo que contribuyó a la formación de un ambiente de creciente faccionalismo.

Las frágiles estructuras de la política judía se debilitaron aún más, generando un vacío en el que las sectas extremistas lograron prosperar. Estas sectas, en conjunción con el persistente conflicto entre judíos y otros grupos étnicos en Yehud, en última instancia precipitaron a la segunda mancomunidad judía hacia una confrontación fatal con los romanos.

A pesar de recuperar el templo y poner fin a la persecución de Antíoco IV Epífanes, los "macabeos" continuaron sus luchas; su régimen se volvió corrupto y tiránico. Al final, la victoria de los asmoneos llevó a la destrucción del Templo de Jerusalén y, con él, el fin de la segunda mancomunidad judía.

El reino asmoneo fue el último estado judío que tuvo independencia política y religiosa hasta la creación, casi dos mil años después, de la tercera mancomunidad judía, el Estado de Israel.

Comparar estos dos estados independientes es, sin duda, un ejercicio inevitable e ilustrativo. En última instancia, el judaísmo es el producto de las experiencias acumuladas por el pueblo judío a lo largo de su historia. La comprensión de lo que se ha adquirido a través de estas experiencias, así como lo que se debería haber aprendido, es fundamental para una reflexión crítica sobre el judaísmo en el presente y la dirección que debe tomar para el futuro.

· · ·

La tecnología actual ha cambiado nuestras vidas de manera significativa, alterando muchos de nuestros hábitos. La lectura de textos largos, para no hablar de libros, ha sido menos valorada. De alguna manera, este cambio recuerda un tiempo en el que la oralidad dominaba la información.

La dificultad es que la fluidez de las presentaciones orales nos impide con frecuencia asentarnos en una palabra o concepto, haciéndonos susceptibles a las conclusiones de los demás más que a las nuestras.

Intenté abordar la cuestión utilizando párrafos más cortos y escribiendo lo que deberían haber sido tres libros en uno. Quienes estén familiarizados con la historia asmonea, que es la parte central y más larga de este libro, pueden saltársela si así lo desean. El objetivo no ha sido el de contar una historia que ha sido relatada en numerosas ocasiones, siempre fundamentada en las mismas fuentes: Flavio Josefo y los *"libros de los macabeos."*

Si he decidido revisar esa historia, de todas formas, es porque considero que tanto la segunda mancomunidad judía como la evolución de la tercera mancomunidad judía pueden ser examinadas desde un punto de vista distinto. Gracias a las visiones que nos brindan el final del siglo XX y el primer cuarto del siglo XXI, podemos ver aspectos que en el pasado no habían sido considerados relevantes y que ahora sirven para explicar ciertas incongruencias entre objetivos y comportamientos.

Puesto que el judaísmo es el producto de las experiencias acumuladas del pueblo judío, la comparación de experiencias similares debería enseñarnos lo que los judíos hemos aprendido o, por lo menos, lo que debimos haber aprendido.

De la Restauración
hasta Alejandro Magno

La caída de Jerusalén 587 a.C.

En el mes quinto, a los siete días del mes, siendo el año diecinueve de Nabucodonosor, rey de Babilonia, vino a Jerusalén Nabuzaradán, capitán de la guardia, siervo del rey de Babilonia. Y quemó la casa del Señor y la casa del rey, y todas las casas de Jerusalén; y todas las casas de los príncipes quemó a fuego. Y todo el ejército de los caldeos que estaba con el capitán de la guardia derribó los muros alrededor de Jerusalén. Y a los del pueblo que habían quedado en la ciudad, a los que se habían pasado al rey de Babilonia y a los que habían quedado de la gente común, los llevó cautivos Nabuzaradán, capitán de la guardia. Más a los pobres de la tierra dejó Nabuzaradán, capitán de la guardia, para que labrasen las viñas y la tierra."[8]

A principios del siglo VI a. C.[9] (el 29 de julio de 587 a.e.c.), Jerusalén fue invadida por el Imperio babilónico el que, un mes después, procedió a destruirla sistemáticamente.

---

[8] *2 Re.* 25: 8-12.

[9] a.e.c. (antes de la era común) y e.c. (era común). La palabra "común" simplemente significa que se basa en el sistema de calendario más utilizado, el Calendario Gregoriano.

Las antiguas infraestructuras políticas y religiosas de Yehud,[10] la monarquía, el sacerdocio, el oficio de escriba y la profecía, dejaron de existir.

Los exiliados babilonios fueron ciertamente sometidos a trabajos forzados, pero no hay indicios de que fueran reducidos a la esclavitud o tratados de forma inhumana, o de que se les impidiera seguir desarrollando su cultura.

La nobleza de Yehud fue tratada como corresponde a cautivos de su rango. Los artesanos y artífices de Judea fueron utilizados en los grandes proyectos de construcción de Nabucodonosor en la capital, incluidos los famosos *Jardines Colgantes*. No fueron obligados a asimilarse y pudieron mantenerse juntos, asentándose en centros del sur de Mesopotamia adyacentes a Babilonia, como Tel-Abib,[11] Tel-Melah, Tel-Harsha y Nippur.[12]

Los levitas, sacerdotes y otros antiguos funcionarios del templo, que ahora no tenían como desempeñar sus funciones formaron sus propios grupos.[13]

Además de Babilonia, el TaNaKh[14] indica que muchos judíos también se habían refugiado en Egipto, mientras que otros ya habían partido hacia Moab, Amón y Edom.[15] Los exiliados, por tanto, eran también expatriados que finalmente decidieron quedarse en los países a los que habían emigrado después de la catástrofe.

---

[10] El nombre Judea es una adaptación griega y romana del nombre Yehud, el nombre del reino de Yehud (Judá). El uso del nombre «Yehud» a lo largo de este libro pretende mantener una perspectiva judía de un territorio que de alguna manera varió en extensión durante los periodos persa, griego y asmoneo.

[11] *Esd.* 2: 59

[12] *Esd.* 1: 3; *Esd.* 3: 15; *Esd.* 2: 59= *Neh.* 7: 61; *Esd.* 8: 15-23

[13] *Esd.* 2: 36 ff.

[14] Acrónimo formado por las tres divisiones de la Biblia Hebrea: Tora, Nevim (profetas), Ketuvim (hagiografa)

[15] *Jer.* 40: 11

Junto a los sacerdotes y profetas, los ancianos asumieron funciones de liderazgo, lo que sugiere la existencia de una subestructura social, económica y organizativa bastante bien desarrollada que establecía las raíces de lo que se convertiría en una de las principales áreas de la vida judía durante los siguientes mil años.[16]

En este afán por forjar nuevas existencias, muchos individuos también exploraron nuevas explicaciones religiosas que les permitirían entender el mundo que los rodeaba.

Durante este periodo, Babilonia se convirtió en una fuente importante de algunas de las declaraciones proféticas más profundas de la tradición bíblica. Asimismo, la era se distinguió por una asombrosa creatividad espiritual que forjó los cimientos del judaísmo postbíblico.[17]

Innegablemente, esta destrucción y deportación no constituyó una bendición encubierta. No obstante, a raíz de esta tragedia, al igual que de todas las tragedias preservadas en la memoria del pueblo judío, emergió una nueva, vibrante y vigorosa cultura judía. La comunidad egipcia proporcionó la traducción de la Septuaginta de la Biblia hebrea al griego, mientras que sus

---

[16] La comunidad judía en Babilonia experimentó un crecimiento y prosperidad significativos desde el siglo VI a.e.c. Para finales de este período, aproximadamente 500 años después, la población se había expandido a más de un millón de individuos.

[17] "Desde Babilonia, durante el [medio siglo entre la caída de Jerusalén ante Nabucodonosor (en 587 a.e.c.) y la caída de Babilonia ante Ciro (en 539 a.e.c.)], provienen algunos de los mayores y más importantes cuerpos de material del Antiguo Testamento: las profecías de Ezequiel y el 'Segundo Isaías' (*Is.* 40-55), el 'Código de Santidad' (*Lev.* 17-26) y otros elementos de la colección 'Sacerdotal' de tradiciones y leyes que se destacan más en Génesis, Éxodo, Levítico, Números y probablemente Josué, también un número de salmos y profecías dispersos como interpolaciones a través de los libros más grandes, por ejemplo, *Is.* 13f.- todos estos son comúnmente asignados a Babilonia. Pero parece probable, además, que gran parte del trabajo editorial de la escuela deuteronómica en el Pentateuco, Josué, Jueces, Samuel y Reyes, se realizó allí." SMITH, MORTON: *Palestinian Parties and Politics that Shaped the Old Testament*, pp. 75-76

compatriotas de Babilonia durante el periodo rabínico fueron los responsables del Talmud babilónico.

A pesar de este renacimiento cultural y religioso, los habitantes de Yehud habían sido desarraigados, alejados del abrigo que en el pasado les había proporcionado identidad y seguridad.

· · ·

No transcurrieron más de cincuenta años cuando una alianza de persas y medos, formada por Ciro el Grande—el fundador del imperio aqueménida—asumió el control del imperio neobabilónico.

Al comienzo de su reinado, Nabonido, el último rey de Babilonia, se vio obligado a enfrentar amenazas militares y discordias internas. A fin de confrontar estos problemas, tomó la polémica decisión de trasladar a Babilonia las estatuas de los dioses protectores de las principales ciudades del imperio. Aunque el objetivo de esta acción era el de centralizar la autoridad religiosa y fortalecer su gobierno, sin quererlo provocó la humillación de Marduk, el dios principal que personificaba la fe y la identidad de la ciudad. Esta decisión alienó a la población local. Por sobre todo, provocó la ira de los sacerdotes, quienes desempeñaban un papel clave en el tejido religioso y social de la sociedad babilónica. En consecuencia, Nabonido perdió un apoyo vital que complicó aún más sus esfuerzos por estabilizar su reinado.

Así que, cuando el disciplinado ejército persa cruzó el río Tigris al norte de Babilonia, la ciudad se rindió sin oponer resistencia alguna.[18]

---

[18] *'Sippar fue tomada sin batalla. Nabonido huyó... Y el ejército de Ciro entró en Babilonia sin combatir'».* ANET, p. 306

Tras su conquista en el año 539 a.e.c., mediante una estrategia meticulosamente diseñada, que entrelazaba el respeto religioso, las metas políticas y la sensibilidad cultural, Ciro el Grande logró consolidar su autoridad y facilitar una transición eficaz del gobierno en Babilonia.

Mediante la restitución de las representaciones divinas que habían sido erradicadas de sus templos legítimos, Ciro no solo restableció la preeminencia de simbolismos que eran sagrados para los babilonios, sino que también puso en claro su política de respeto hacia las tradiciones y creencias de las comunidades conquistadas.

Al honrar estas tradiciones y restaurar tanto los templos como sus deidades, el plan de Ciro buscaba conquistar la lealtad de las poblaciones locales y reducir cualquier posible resistencia al yugo persa.

Durante su primer año de reinado,[19] Ciro promulgó un decreto desde su palacio de Ecbatana:

> *En el primer año del rey Ciro, el mismo rey Ciro dio orden acerca de la casa de Dios, la cual estaba en Jerusalén, para que fuese la casa reedificada como lugar para ofrecer sacrificios, y que sus paredes fuesen firmes; su altura de sesenta codos, y de sesenta codos su anchura; y tres hileras de piedras grandes, y una de madera nueva; y que el gasto sea pagado por el tesoro del rey. Y también los utensilios de oro y de plata de la casa de Dios, los cuales Nabucodonosor sacó del templo que estaba en Jerusalén y los pasó a Babilonia, sean*

---

[19] 538 a.e.c.

devueltos y vayan a su lugar, al templo que está en Jerusalén, y sean puestos en la casa de Dios."[20]

Los objetos del culto que Nabucodonosor había saqueado del templo de Jerusalén y que estaban almacenados en Babilonia[21] fueron entregados a Sheshbazaar, el recién nombrado gobernador persa de Yehud. Sheshbazaar marchó a Jerusalén, donde estableció los cimientos de lo que posteriormente se conocería como el «Segundo Templo».

La reconstrucción del Templo, sin embargo, no fue inmediata. Fue un largo proceso, que demandó alrededor de veintitrés años.

Aunque todas las naciones exiliadas de sus tierras por los asirios y los babilonios sufrieron el desplazamiento, solo los judíos regresaron a su hogar para reconstruir su templo ancestral. Este retorno, sin embargo, no fue inmediato, sino que se desarrolló a través de múltiples fases a lo largo de al menos un siglo.

Esto se debió, en gran parte, al hecho de que Jerusalén era una ciudad devastada. Toda la provincia de Yehud se encontraba en condiciones económicas miserables debido a largos años de inestabilidad política y de sequía.[22]

Las primeras generaciones de colonos que llegaron con Sheshbazaar tampoco encontraron la tierra desocupada. No toda la población del reino de Israel había sido exiliada en 721 a.e.c.[23] ni toda la población de Judea había sido exiliada en 586 a.e.c.

Aunque aquellos que retornaron tenían derechos sobre sus propiedades, los residentes que habían permanecido eran, en la

---

[20] *Ezd.* 6: 3-5
[21] En Esaglia
[22] *Hag.* 1: 6, 9, 10 f.; *Hag.* 2: 16; *Zech.* 8: 10
[23] El reino de Israel fue destruido en el 720 a.e.c. cuando el imperio neoasirio capturó Samaria, la capital del reino del norte de Israel, y llevó a muchos israelitas al cautiverio.

práctica, los propietarios reales. Las demandas de propiedad que los retornados presentaron contra los que habían permanecido en la Yehud, fueron refutadas en los tribunales. Los no exiliados reivindicaron la propiedad de la tierra y consideraron a los retornados inmigrantes sin derechos legítimos de propiedad, argumentando que la tierra les pertenecía legítimamente a ellos, los indígenas.

Los retornados tuvieron que enfrentarse al hecho inamovible de que, como miembros de la antigua clase alta, habían sido despojados tanto de sus posiciones de liderazgo como de sus propiedades.[24]

En sus esfuerzos por restablecer su identidad como nación, con las jerarquías de poder necesarias, los retornados reclamaron el estatus de pueblo de Israel exclusivamente para ellos. Dando vuelta al argumento, trataron a los que no habían sido deportados como los verdaderos extranjeros. Esto dio lugar a una importante disputa política en torno al control sobre el proyecto de construcción del Templo.

Más allá de sus reivindicaciones económicas y sociales, los retornados traían consigo una clara agenda religiosa, la que ha persistido a lo largo de la historia judía: erigir una sociedad auto-segregada y ritualmente pura. Esta agenda estaba inspirada en el nuevo templo y en la visión de una nueva sociedad esbozada en las enseñanzas del profeta Ezequiel.

Los retornados estaban dotados de una determinación fanática, un fuerte liderazgo, y una estructura paramilitar. Poseían una clase educada, recursos económicos y el apoyo de la corte imperial, la que desempeñó un papel crucial en el desarrollo y la seguridad de Jerusalén.

Y lo que es más importante, no había presión para drenar la diáspora, pues cada comunidad de la diáspora contribuía con un

---

[24] *Ezek.* 11: 15; *Ezek.* 33: 24

impuesto por cabeza para mantener el Templo. Todos disfrutaban de los rituales del santuario en Jerusalén; tanto aquellos que estaban involucrados de manera activa como aquellos que lo hacían de manera indirecta mediante la organización de festividades paralelas al culto del Templo en Jerusalén.

El Imperio Persa, que abarcaba lo que hoy son Irán, Turquía, Egipto y partes de Pakistán y Afganistán, fue una de las grandes potencias de la historia antigua. Estaba gobernado por satrapías, cada una de las cuales se subdividía a su vez en regiones más pequeñas conocidas como provincias.[25] Dentro de este marco político y administrativo, la pequeña provincia de Yehud era una diminuta región judía semiautónoma de apenas 40 kilómetros de largo por 48 kilómetros de ancho.

Dieciséis años después del decreto de Ciro y de que se pusieran los cimientos del Templo de Jerusalén, Cambises, el rey persa que había sucedido a Ciro, murió.[26] Su desaparición sumió al vasto imperio en una grave crisis, ya que varias regiones intentaron reclamar su antigua independencia.

El sucesor de Cambises, Darío I, tardó casi tres años en sofocar las rebeliones. Una vez que lo consiguió, su posición como único gobernante quedó firmemente establecida. Pero, las lecciones aprendidas de esta agitación no fueron pasadas por alto.

En respuesta a las revueltas y para promover la lealtad y evitar nuevos disturbios, Darío I adoptó una nueva estrategia: reubicar a las comunidades exiliadas y nombrar líderes obedientes capaces de supervisar a las poblaciones nativas.

Así, en el 521 a.e.c., en el segundo año de Darío, una nueva oleada de exiliados que buscaban retornar a su tierra ancestral,

---

[25] "Medinah," en hebreo. Las provincias, a su vez, se subdividieron en distritos.
[26] 522 a.e.c.

partió de Babilonia. Esta vez, estaban dirigidos por Zorobabel -el último descendiente de la «casa de David»[27] - y por Josué, el Sumo Sacerdote de la línea sadoquita,[28] representando al sacerdocio.

Los judíos estaban divididos. Los que aspiraban a organizar una nueva comunidad bajo un liderazgo civil apoyaban a Zorobabel. Muchos de ellos obviamente tratando de capitalizar las oportunidades que ofrecía la nueva política imperial persa. Pero, además, había entre ellos un grupo de líderes laicos que habían permanecido en Yehud durante el exilio y que veían el fin de la monarquía davídica como una oportunidad para aplicar reformas que encarnaran su visión de una sociedad libre de la monarquía.

Los que opinaban que la nueva comunidad debía organizarse sobre una base religiosa sostenían que Josué, que procedía de una familia sacerdotal, debía ser quien asumiera el liderazgo de la comunidad.

Dentro de este bando, había también un grupo de reformadores sacerdotales que habían sido funcionarios del monarca y que, tras el ocaso de la monarquía, experimentaron su independencia por primera vez. Estos sacerdotes ciertamente no buscaban una restauración de la monarquía preexílica. Durante el exilio babilónico, estos reformadores sacerdotales ya habían propugnado la instauración de un culto exclusivamente administrado por ellos.[29] Habría sido difícil, si no imposible, para este grupo llevar a cabo esta reforma bajo una monarquía davídica restaurada.

En general, aunque no hubo una oposición rotunda, sí hubo una notable falta de apoyo al restablecimiento de la monarquía. Además, y en primer lugar, en la práctica, un reino separado era intrínsecamente incompatible con el dominio imperial persa. Los

---

[27] Los reyes que había ejercido la monarquía en Yehud comenzando con David en el siglo X a.e.c.
[28] Sadoc fue el primer Sumo Sacerdote en el Templo construido por Salomón.
[29] *Ezek.* 40-48

persas permitieron a los judíos reconstruir su comunidad, pero esto no significó que se les permitiera reinstaurar su reino.

Debido a la política persa de negar autonomía política a los países más pequeños, Yehud no era un estado vasallo, sino un componente integral del Imperio persa. Aunque la comunidad judía del pequeño territorio gozaba de cierto grado de autonomía, en última instancia estaba gobernada por el sistema administrativo persa.

> *«El Dios del Cielo» había encargado a Ciro y a sus sucesores la reconstrucción del Templo de Jerusalén, no el restablecimiento del Reino de David.[30]*

A esta falta de consenso se sumaron las objeciones teológicas de quienes creían que aún no había llegado el momento de reconstruir el templo.

A pesar de la diferencia de intereses, una amplia coalición logró llegar a un consenso que finalmente facilitó la reconstrucción del santuario. El sacerdocio, para el que la reconstrucción del templo era esencial para el empleo, el sustento y la realización de sus planes de autogobierno, era naturalmente quien estaba más involucrado en el proyecto.

Finalmente, el tercer día del mes de Adar del sexto año del reinado de Darío, en la primavera del 515 a.e.c., el modesto templo fue consagrado. La comunidad de Yehud había establecido con éxito un centro cultural, literario y teológico que también tenía a su cargo la dinámica social de la comunidad. Una vez más, Yehud se había convertido en una nación centrada en torno a un punto unificador.

---

[30] BICKERMAN, ELIAS: *The Jews in the Greek Age*, p. 33

Con el tiempo, sin embargo, el Templo, concebido inicialmente como un espacio que permitiera a los judíos de todas las creencias de Yehud y la Diáspora cultivar una identidad colectiva, se transformaría en una fortaleza de poder. Se convertiría en un campo de batalla de facciones rivales, un banco propicio para la explotación, y una fortaleza militar que, en última instancia, traería la destrucción a Jerusalén y sus alrededores.

La casa de David, ya humillada por tener que compartir su poder y sus prerrogativas sacerdotales con la casa de Sadoc, también tuvo que hacer frente a los judíos que creían que las desgracias que siguieron a la destrucción del Templo en manos de los babilonios eran enteramente culpa de sus reyes, y como resultado, se opusieron a que cualquier descendiente de esta familia volviera a dirigir al pueblo.

Zorobabel capituló, y la casa de David desapareció de Yehud como fuerza política.

La facción que apoyaba a Josué acabó triunfando. No sólo Josué se convirtió en el Sumo Sacerdote del templo reconstruido, sino también en el único líder de la nueva comunidad. Desde la Restauración hasta la revuelta asmonea,[31] la única autoridad sobre el pueblo judío residiría en manos del «Cohen Gadol» de Jerusalén. Este cargo era reconocido por los gobernantes extranjeros, que responsabilizaban al Sumo Sacerdote del mantenimiento del orden y la recaudación de impuestos. Por el momento, serían los sacerdotes sadoquitas quienes marcarían la agenda religiosa y social.

Con el poder religioso y político concentrado en manos del Sumo Sacerdote, Yehud funcionaba como una teocracia. A mediados del siglo V a.e.c., más que un reino, la pequeña ciudad de Jerusalén y la zona escasamente poblada de Yehud[32] se

---

[31] 165 a.e.c.
[32] Charles Carter, *The Emergence of Yehud: A Social and Demographic Study* (1999), estima que la población de toda la provincia de Yehud era de

habían convertido en «un pequeño rebaño con las características de una iglesia».

Los sacerdotes del linaje de Josué, la familia de Sadok, se erigieron en Sumos Sacerdotes, sorteando las tormentas venideras y expandiendo su influencia sin cesar.

Tras la muerte de Darío I, resurgieron los esfuerzos nacionalistas a través del Imperio persa.

Apoyado por 200 galeras atenienses a escasos 80 kilómetros de Jerusalén, Egipto se hallaba en medio de una feroz insurrección.[33] Mientras las guerras griegas ponían de manifiesto la fragilidad del poder persa, las fuerzas nacionalistas de Yehud, respaldadas por Egipto, también se esforzaban por liberarse del yugo persa.

Si una importante ciudad del interior como Jerusalén se rebelaba y se aliaba con los atenienses, esto podría interrumpir las líneas

---

aproximadamente 13,350 al final del período babilónico a finales del siglo VI a.e.c. Aunque esta población crecería a unos 20,650 habitantes hacia el final del dominio persa a mediados del siglo IV a.e.c. Según los arqueólogos, la ciudad de Jerusalén misma nunca tuvo una población de más de 1,500 durante el período persa.

[33] La lista en *Esdras* 2 y *Nehemías* 7 establece el número de repatriados en 42,360, a los que deben añadirse 7,337 esclavos y esclavas (*Esdras* 2: 64-65). El total de unas veinte mil personas deportadas [...] hace que este número parezca increíblemente grande, especialmente porque probablemente debería multiplicarse por un factor de tres para incluir a mujeres y niños. Incluso si postulamos una alta tasa de natalidad, como a veces ocurre con las minorías étnicas, y asumimos que los exiliados de deportaciones anteriores se unieron al golah babilónico, el número sigue siendo poco realista, ya que sabemos por retornos posteriores (casi ocho mil más en *Esdras* 3: 1-30) y otras fuentes que la mayoría de los exiliados judíos se quedaron en Babilonia. Por lo tanto, se ha sugerido repetidamente que esta lista, como indica su posición en *Neh.*7, representa la membresía total de la comunidad judía en la época de Nehemías, todos los cuales, mientras tanto, habían llegado a considerarse descendientes de los repatriados. El número de aquellos que regresaron alrededor del año 520 probablemente no excede los diez mil. ALBERTZ, RAINER: *Israel in Exile: The History and Literature of the Sixth Century B.C.E.*, pp. 127-128 en el 458 a.e.c.

de comunicación persas y amenazar potencialmente su dominio sobre Egipto. Por tanto, los persas eran receptivos a ideas que pacificaran a la población local, asegurándose así su apoyo.

. . .

Después de que Artajerjes I de Persia ascendiera al trono,[34] un grupo de judíos babilonios, constituidos por las clases altas de Jerusalén exiliadas por Nabucodonosor, realizó dos esfuerzos para modificar las prácticas religiosas en Jerusalén.

Los líderes de estos esfuerzos fueron Nehemías—uno de los varios judíos que desempeñaban funciones administrativas en la burocracia imperial persa—y Esdras, sacerdote y descendiente de Sadoc.

Estos dos hombres acabarían siendo considerados los padres fundadores de la nueva mancomunidad. Sus decisiones y acciones darían forma al judaísmo desde el inicio de la era del Segundo Templo y persisten en este proceso hasta el día de hoy.

Su doctrina se fundamentaba en la convicción de que las calamidades que los asirios inicialmente, y los babilonios con posterioridad, habían infligido a Israel eran el producto de la desobediencia a Dios, tal como los profetas como Isaías y Jeremías lo habían presagiado.

Ambos buscaban constituir una comunidad que residiera en un estado de pureza. Creían que solo transformando al remanente del pueblo en una nación teocrática—basada en la alianza que Dios hizo con sus antepasados y siendo fiel a ella—podrían revivir la dinastía de David y preparar el regreso de su rol como mediadores entre las naciones de la tierra.

---

[34] 464 a.e.c.

Aproximadamente 70 años después de que Zorobabel terminara la construcción del Templo, Nehemías preparó las medidas necesarias para ser enviado en misión oficial a Jerusalén.

Debido a su acceso al rey, Nehemías, descendiente de los exiliados babilonios y miembro de una antigua familia jerosolimitana, había sido influido por una delegación de Jerusalén encabezada por su hermano Hanani. Los jerosolimitanos pedían a Nehemías que solicitara al rey la reparación de las murallas y puertas de la ciudad, las que, cien años después de que los babilonios las hubieran destruido, seguían en ruinas.

Al nombrar, financiar y autorizar a Nehemías y más tarde a Esdras, los persas estaban animados por consideraciones prácticas. Sus acciones eran estrategias para apuntalar las coaliciones pro- persas dentro de su vasto imperio.

Además de ofrecer protección a la pequeña comunidad frente al acoso de los pueblos vecinos, la restauración de las murallas de Jerusalén poseía una relevancia política significativa para los judíos.

En la era persa, una ciudad necesitaba ser fortificada para lograr el rango de capital de provincia. Pese a que el templo había sido restaurado y Jerusalén había vuelto a ser el núcleo religioso y eclesiástico de los judíos, su carencia de fortificaciones le impidió retomar su antiguo papel de capital de Yehud.

Por otra parte, Samaria, la capital del antiguo reino de Israel, hacía tiempo que se había transformado en una provincia asiria. Las administraciones neobabilónica y luego la persa habían mantenido la antigua estructura política de esa región.

Como Yehud estaba gobernada por un subgobernador, el gobernador de la provincia de Samaria se sentía con derecho a inmiscuirse, más o menos a su antojo, en los asuntos de Judá y Jerusalén.

El proyecto de construcción de Nehemías separaría ahora Yehud de Samaria y la elevaría a la categoría de provincia independiente. Como era de esperar, esto le acarreó a Nehemías la enemistad de Sanbalat, el gobernador de Samaria, cuyo plan había sido el de subyugar a Yehud y, con el tiempo, anexionársela.

Sin embargo, el tira y afloja político entre Nehemías y Sanbalat no era el único conflicto suscitado por el recién nombrado enviado de la corona persa.

Nehemías también había desafiado a las élites de Yehud, incluyendo a la poderosa familia terrateniente judía de los Tobías,[35] al forzar a nobles y funcionarios a prometer dejar de cobrar los exorbitantes intereses que llevaban a una fracción de la población a vender sus bienes y a entregarse a la esclavitud para saldar sus deudas.

Los objetivos de Tobías, junto con los de Sanbalat y otros funcionarios persas, así como reyes y nobles locales, eran socavar a Nehemías, entre otras cosas, asustando a los obreros que construían el muro con amenazas de violencia.[36]

Nehemías, quien había llegado a Jerusalén con una escolta militar de jinetes y sus oficiales, como parte de su nombramiento gubernamental, no se dejó intimidar fácilmente. Reconstruyó las murallas en un período de tiempo impresionantemente corto, preparándose para que la ciudad recién fortificada fuera estrechamente custodiada por un "capitán de la fortaleza" y dando instrucciones para abrir las puertas de la ciudad por la mañana y cerrarlas por la noche.

---

[35] Los Tobíadas eran una influyente familia judía terrateniente establecido al otro lado del Jordán, en la antigua región de Amón, durante la monarquía de Judea y había sido forzada al exilio en Babilonia con el resto de la aristocracia de Jerusalén.
[36] *Neh.* 4: 7-8

Haciendo caso omiso de las protestas de los comerciantes, también ordenó que las puertas cerraran al atardecer del viernes y no se abrieran hasta el anochecer del sábado, en observancia del Shabat.

Aunque Nehemías no era sacerdote, sino laico, su objetivo había sido implementar una ideología religiosa en el ámbito político, que abarcaba la exclusión de influencias extranjeras,así como los matrimonios mixtos y el mantenimiento de la integridad y pureza del templo y su personal.[37]

Habían pasado unos 70 años entre la caída de Jerusalén y la finalización del segundo templo, y otros 70 años entre la finalización del templo y la llegada de Nehemías a la provincia, así como la finalización del muro de Jerusalén.

En el año 458 a.e.c., el rey Artajerjes I de Persia nombró a Esdras comisionado real especial para los asuntos de Judea y lo envió a Jerusalén en nombre de la corona persa.

Sacerdote de ascendencia y escriba de profesión, Esdras llegó a Jerusalén con 2000 hombres, mujeres y niños, «*todos aquellos que tiemblan (jaredíes) ante las palabras del Dios de Israel*».[38] También trajo consigo la Torá de Moisés, la «Carta Magna del judaísmo».

Aunque descendiente de Sadoc, pero sin ser él mismo Sumo Sacerdote, Esdras había sido investido por el monarca persa con las mismas prerrogativas que todos los Sumos Sacerdotes de Israel, a saber, nombrar jueces y castigar con la muerte, la confiscación o el encarcelamiento a quienes violaran las leyes de Dios y del rey.

---

[37] BLENKINSOPP, JOSEPH: *Judaism: The First Phase*, p. 230
[38] *Ez.* 9: 4

La supremacía del Sumo Sacerdote representaba esencialmente la reimposición de la autoridad de las antiguas clases dirigentes sobre los grupos que habían permanecido en la tierra y que se habían opuesto a los retornados.

Yehud era ahora oficialmente una teocracia, o más apropiadamente una nomocracia,[39] ya que incluso el Sumo Sacerdote -que tenía autoridad exclusiva sobre el pueblo judío- estaba limitado por las leyes de la Torá. «Ya que no se les permitió coronar a un rey, los exiliados canonizaron un conjunto de textos».[40]

El cargo de Sumo Sacerdote de Jerusalén era hereditario, restringido a la línea Sadoquita del sacerdocio. Sin embargo, era el gobernante imperial quien aprobaba o desaprobaba quién ocuparía el cargo. El Sumo Sacerdote, que era así tanto un funcionario imperial como un representante del pueblo judío, estaba a cargo de todos los asuntos culturales en el Templo, así como de todas las cuestiones civiles, la preservación del orden y la recaudación y entrega de impuestos al imperio.

El título de Esdras era *Sofer Data*, que significaba «escriba» o «secretario» de la ley judía.[41] Llevó a Jerusalén una colección de las leyes ancestrales del pueblo judío que habían sido reunidas por los soferim, la clase de los escribas, durante el Exilio. Esta colección de leyes había estado en vigor antes del año 539 a.e.c., cuando se promulgó el edicto de Ciro que restablecía el derecho de los judíos a regresar a su tierra y reconstruir su patria. Así, la Torá se convirtió en la ley definitiva de Israel.

---

[39] Un gobierno de acuerdo con un sistema de leyes
[40] WALZER, MICHAEL: *In God's Shadow: Politics in the Hebrew Bible* (Kindle loc. 2039)
[41] Curiosamente, la palabra persa para ley, "*dat*", en hebreo llegó a significar "religión". En el Israel actual, las personas que viven según los preceptos de la ley religiosa judía se llaman "*datim*", es decir, viven según la ley religiosa judía.

Artajerjes había convertido la palabra de Moisés en la ley del rey con respecto a la administración real de los judíos: «En el siglo que separó a Nehemías de Alejandro, y de nuevo durante los 160 años que van de Alejandro a Antíoco Epífanes, ocho generaciones de judíos se educaron bajo la disciplina de la Torá, una disciplina bajo la cual los disidentes eran considerados tanto herejes como rebeldes».[42]

Además de traer la Ley, Esdras y sus compañeros haredim tenían el propósito deliberado de establecer una comunidad ritualmente pura introduciendo el novedoso argumento de que todo Israel - no sólo la clase sacerdotal- constituye una semilla sagrada distinta de la semilla profana de los gentiles. En consecuencia, se exigía pureza genealógica a todos los israelitas para protegerlos de la «profanación» de la semilla sagrada. Este ha sido un aspecto definitorio del sistema religioso de Israel a lo largo de los siglos y un factor central en las batallas internas que dividen a los judíos.

---

[42] BICKERMAN, ELIAS: *The Jews in the Greek Age*, p. 31

El conflicto entre Ptolomeos y Seléucidas

El Imperio Persa, fundado por Ciro el Grande, dominaba una multitud de naciones distintas y durante su auge, alcanzó el 44% de la población del mundo antiguo. No obstante, ejerció el gobierno sobre un trono inestable durante aproximadamente dos siglos.[43]

No sólo la población que gobernaban superaba varias veces en número a los persas, sino que el imperio carecía de una autoridad interna sólida y de medios adecuados de autodefensa, todo lo cual hacía a los aqueménidas muy vulnerables.

Así pues, cuando el 5 de noviembre del año 333 a.e.c., Alejandro de Macedonia, al frente de un ejército griego, derrotó a Darío III de Persia y a sus huestes en Issus, la histórica puerta de Asia Menor a Siria y Egipto quedó abierta de par en par.

Cuatro días después de la victoria, la caballería de Alejandro cruzó los pasos del monte Amanus y entró en Damasco, capital de la satrapía persa de Siria. El propio Alejandro avanzó por la costa de Tiro, Gaza y Egipto.

La década de conquistas orientales de Alejandro permitió la combinación de las culturas occidental y oriental, una fusión de culturas que continuó ininterrumpidamente durante los siglos posteriores a su muerte.[44]

La transición del dominio persa al griego transcurrió sin sobresaltos; Alejandro asumió el sistema de administración persa y siguió la misma política de tolerancia religiosa. Así pues, en Jerusalén, nada cambió con la llegada de Alejandro, salvo el

---

[43] Del 559 a.e.c. al 330 a.e.c.
[44] La conquista de Persia por Alejandro Magno inauguró el *período helenístico*." COHEN, D., SHAYE: *From the Macabees to the Mishnah*, p. 2

nombre del soberano pagano. Los gobernantes del pueblo, el tributo y el estatus del Templo siguieron siendo los mismos que bajo los monarcas persas.

Alejandro murió de fiebre en Babilonia la noche del 10 de junio de 323 a.e.c. Sin un sucesor claro, sus generales[45] se disputaron su imperio.

En el 316 a.e.c., Antígono, quien había sido sátrapa de Frigia en Asia Menor en vida de Alejandro, extendió su control no sólo a toda Asia Menor, sino también a Siria, Mesopotamia, Persia y Media. Considerándose el soberano supremo de toda la herencia de Alejandro, exigió que los demás se sometieran por completo a su poder.

Cuatro años después, Ptolomeo I -el general de Alejandro, que había heredado el control de Egipto- aprovechó una oportunidad cuando Antígono se encontraba en conflicto fuera de Siria y el país había quedado bajo la administración de su joven hijo Demetrio, con el fin de invadir la Siria de Coele.[46] Ayudado por Seleuco I, su antiguo compañero de armas, Ptolomeo I se enfrentó a Demetrio cerca de Gaza. La contienda fue ardua y prolongada. Sin embargo, Ptolomeo I y Seleuco I lograron la victoria, por lo que Demetrio abandonó el campo y huyó hacia el norte. Toda la Siria de Coele, por lo que respecta a las ciudades fenicias, cayó en manos de Ptolomeo.

En el año 302 a.e.c., los generales macedonios, que para entonces se habían convertido en reyes, se aliaron para una guerra conjunta contra Antígono.

Lisímaco, el monarca de Tracia, ayudado por Casandro, la fuerza expedicionaria del rey de Macedonia, invadió Asia

---

[45] Los *diadocos*, o 'sucesores,' era como se conocía a los generales macedonios que sucedieron a Alejandro a lo largo de la historia.

[46] El área que abarcaba las provincias de Siria y Fenicia y uno de los pocos puntos de entrada a Egipto.

Menor, obligando a Antígono a convocar a su hijo Demetrio y a su ejército desde Grecia.

La batalla decisiva entre el ejército de Antígono y Demetrio y las fuerzas conjuntas de Lisímaco, Casandro y Seleuco tuvo lugar en Ipsus, en Frigia, en el año 301 a.C. Antígono murió en combate y su ejército fue derrotado.

Según las reglas de la guerra, los vencedores tenían derecho a las posesiones del enemigo derrotado, y tanto Lisímaco como Casandro, compañeros de Seleuco en la victoria de Ipsus, habían acordado cederle el control de la satrapía siria.

La satrapía siria estaba ahora dividida de facto. Seleuco controlaba la parte norte, mientras que Ptolomeo controlaba la parte sur, que incluía Yehud.

En un principio, debido a la ayuda previa de Ptolomeo I al fundador del imperio seléucida, Seleuco I se abstuvo de hacer valer su potestad, pero sus sucesores mantuvieron la creencia de que la región les pertenecía por derecho. El resultado fue una sucesión de conflictos conocidos como las «guerras sirias», durante las cuales los seléucidas intentaron reclamar el territorio.

Dado que la tierra de Israel se encuentra en el punto en el que confluyen África, Asia y Europa, constituye el único puente terrestre para los poderosos reinos a ambos lados del Creciente Fértil, por lo que ha ocupado, entonces como hoy, un lugar central en el marco geopolítico de Oriente Próximo.

Cualquiera que quisiera invadir Egipto tenía que pasar por la costa fenicia. La tierra de Yehud estaba cerca de la ruta militar de Egipto, no lejos de los últimos puntos de parada en suelo asiático antes del paso por los desiertos sinaíticos hacia la tierra del Nilo. Durante la época helenística, entre el 323 y el 30 a.e.c., Jerusalén sería así el punto de partida de más de veinte conflictos.

Sólo en el siglo III a.e.c. -los reyes del Sur y los reyes del Norte, como los llama el libro bíblico de Daniel-, los ptolomeos de Alejandría y los seléucidas de Antioquía entraron en guerra en cinco oportunidades.

Yehud, al encontrarse ahora situada en la frontera de las dos dinastías enfrentadas, tenía a sus ciudadanos divididos en dos facciones, cada una leal a una de las superpotencias contendientes. El conflicto pasó de ser un enfrentamiento entre la Ciudad Santa y la autoridad pagana a una discordia interna entre facciones de dos reinos paganos rivales. El vencedor de una de las facciones penalizaba a la otra.

Tras la turbulenta fase de las guerras de los diádocos,[47] en la que también la población judía de Yehud había experimentado toda la dureza de la superior maquinaria bélica macedónica. Yehud cayó en manos de Ptolomeo I.[48]

Aunque Egipto era un país rico, atractivo para los colonos extranjeros, la provincia ptolemaica de Siria y Fenicia era importante para la economía egipcia. Para los ptolomeos, la región era otra vaca lechera, proveedora de bienes e ingresos.[49]

Aunque los ptolomeos concedieron a Yehud un estatus autónomo parcial—«para vivir de acuerdo con las leyes ancestrales»—Yehud, como el resto de la Siria de Coele, se gobernaba como una provincia más de Egipto; se administraba desde Alejandría con agentes egipcios en las distintas ciudades y aldeas para asegurarse de que los impuestos correspondientes fueran pagados y que se sirvieran los intereses ptolemaicos.

---

[47] 321-301 a.e.c.

[48] Ptolomeo I gobernó Egipto desde el 305 a.e.c. Mandó construir la Biblioteca de Alejandría, y fue durante su reinado o el de su hijo, Ptolomeo II, que la Torá fue traducida al griego.

[49] La variedad de productos agrícolas exportados a Egipto era amplia, siendo los principales el trigo, el vino y el aceite. Otro producto importante desde el punto de vista de Egipto eran los esclavos, tanto para el empleo en los hogares de los nobles como para trabajar en el comercio de lana.

Bajo los ptolomeos, el derecho a recaudar los impuestos de cada ciudad se subastaba cada año en Alejandría y solían ser comprados por los dirigentes de la ciudad o bien sus ciudadanos más destacados.

En 240 a.e., el sumo sacerdote de Jerusalén, Onías II, se había mostrado reacio a pagar el tributo a Egipto. Onías II era proseléucida y esperaba un cambio de fortuna política que hiciera innecesario el pago a Egipto.

El rey, encolerizado, envió a su enviado a Jerusalén con un severo mensaje y la amenaza de que, si Onías II no pagaba, dividiría el territorio judío e instalaría tropas militares en Jerusalén.

A pesar de las amenazas, Onías II se negó a ceder y se mantuvo en su posición. Declaró que preferiría renunciar al sumo sacerdocio, si fuera necesario, antes que pagar el tributo.

El sobrino de Onías II, José, hijo de la hermana de Onías II y Tobías—un descendiente de Tobías el amonita, quien había chocado con Nehemías unos 200 años antes—al enterarse de que los representantes de Ptolomeo estaban a punto de apoderarse del país, se declaró dispuesto a asumir la responsabilidad personal del pago del tributo adeudado a Egipto.

Aunque José era sobrino del Sumo Sacerdote por parte materna y él mismo era sacerdote, no podía asumir el cargo de Sumo Sacerdote, debido a que este era hereditario y solo podía ser asumido por el hijo mayor.

El liderazgo civil, sin embargo, podía transmitirse sin enfrentarse al problema de la sucesión hereditaria. Así es como se tomó la decisión de separar las dos funciones. Onías II transmitió a su sobrino José el liderazgo civil que hasta ese momento había ocupado.

Al relevar al Sumo Sacerdote de la responsabilidad de recaudar los impuestos y de transferirlos al monarca ptolemaico, se produjo la ruptura inicial de la teocracia de Jerusalén. La tarea quedaba ahora en manos de un financiero profesional.

José ben Tobías convocó una asamblea del pueblo en el Templo y se propuso a sí mismo como emisario ante el rey con el objetivo de lograr un compromiso en la disputa. Una vez que el pueblo aceptó su propuesta, José convocó al enviado del rey Ptolomeo. Lo agasajó durante varios días y le obsequió costosos regalos. Persuadido por su generosidad e impresionado por su dignidad, el enviado egipcio animó a José a acercarse al rey, prometiéndole que le ayudaría a obtener la aprobación de sus peticiones.

Después de pedir prestado dinero para el viaje a unos amigos de Samaria, José ben Tobías bajó a Egipto para presentarse allí al rey como jefe de los judíos.

Flavio Josefo nos ofrece un vívido relato de las presiones, los chanchullos y la corrupción que se produjeron en la corte ptolemaica en relación con la subasta de impuestos.[50] Familiarizado con la corte a través de las relaciones comerciales de su padre, así como de las suyas propias, José ben Tobías acusó a los recaudadores nativos de impuestos de colusión y prometió pagar al tesoro real una cantidad mucho mayor de la que había recibido hasta entonces.

José consiguió no solo suavizar la ira del rey, sino también negociar un acuerdo favorable para él. Se le adjudicó el contrato para recaudar los impuestos no solo en Yehud, sino en toda la Coele-Siria ptolemaica.

Como la recaudación de impuestos nunca había sido popular, José estaba facultado para utilizar las tropas reales si encontraba resistencia; por lo tanto, Ptolomeo asignó 2.000 soldados para

---

[50] *Ant.* 12.4.2

ayudarlo. De hecho, cuando José llegó a la ciudad de Ascalón para recaudar los impuestos, se encontró con resistencia. Arrestó a veinte líderes de los recalcitrantes, a quienes ejecutó, confiscó sus bienes y se los entregó al rey. Repitió las mismas medidas cuando llegó a Escitópolis.

Aunque el rey lo elogió por su valentía, el severo trato de José creó animadversión entre griegos y judíos.[51] Los sirios lo consideraban un judío que había usurpado el poder para oprimirlos.

Cuando Zenón, un oficial ptolemaico, visitó Judá en misión oficial, ignoró al sacerdocio de Jerusalén y despachó todos sus asuntos fuera de Jerusalén con José, quien era patentemente el encargado de los asuntos políticos, económicos y militares de la región en nombre de los ptolomeos.

De un solo golpe, ben Tobías había depuesto a la aristocracia local y conseguido para sí mismo, en la práctica, si no en la ley, un estatus sin rival en toda la provincia. Durante veintidós años fue el contratista general de los impuestos de la Siria ptolemaica, convirtiéndose en uno de los hombres más ricos de su generación.

La trayectoria de la familia de los Tobías, cuya influencia en la sociedad judía Nehemías y Esdras se esforzaron por minimizar, acababa de ser revitalizada a través de José.

Por medio de esta poderosa familia, Jerusalén adquirió una nueva importancia al convertirse en la sede del jefe de los recaudadores de impuestos. Muchos de los subcolectores y hombres principales de Coele-Siria tenían que viajar a Jerusalén en misión oficial, y algunos establecieron allí su residencia. Muchos de los habitantes empezaron a hablar griego. Poco a poco, la vida de los judíos experimentó un cambio significativo. Jerusalén pasó de ser una pequeña y oscura ciudad a convertirse

---

[51] *Ant.* 12.4.2

en una de las más importantes de Coele-Siria, mejorando al mismo tiempo las condiciones económicas de los judíos.

• • •

En 217 a.e.c., cuatro años después de ocupar el trono, Antíoco III de Siria emprendió una campaña contra la monarquía ptolemaica egipcia. El ejército ptolemaico, que incluía una unidad de falange griega de 25.000 soldados y una unidad de falange egipcia de 20.000 soldados, era el más numeroso de los dos contendientes, lo que permitió a Ptolomeo IV Filopator derrotar las fuerzas de Antíoco III.

El historiador Polibio destaca que, tras la victoria, distintas ciudades compitieron entre sí para expresar su lealtad al rey ptolemaico. Jerusalén fue una de las que acogió con entusiasmo a Ptolomeo IV Filopator.

Antíoco III, que nunca se daba por vencido, esperó dieciséis años antes de intentar arrancar Coele-Siria de la mano de los Ptolomeos.

En 204, murió Ptolomeo IV Filopator y subió al trono Ptolomeo V Epífanes, un niño de cinco años. El poder pasó a los guardianes del rey, y cuando su gobierno no tuvo éxito, comenzó una creciente efervescencia popular entre los egipcios, especialmente entre los ciudadanos de Alejandría. Antíoco III aprovechó la oportunidad que le brindaban estos disturbios para llevar a cabo finalmente sus designios de conquista.

Así, tres años más tarde, Antíoco III lanzó la Quinta Guerra Siria invadiendo Siria y Fenicia. Los habitantes de Coele-Siria mostraron poca o ninguna resistencia ante el avance del ejército seléucida; tal vez incluso apoyaron a Antíoco III. Gracias a este tipo de comportamiento, los seléucidas pudieron invadir Siria y Fenicia con gran rapidez.

Aunque Antíoco III había ocupado Jerusalén, un general egipcio llamado Scopas reconquistó la ciudad en el invierno del 201-202 a.e.c.

Scopas se encontró con la resistencia de los judíos, que ayudaron al ejército seléucida a hacerse del control de la ciudadela de Jerusalén, donde estaba acampada la guarnición ptolemaica.

Castigó a los jefes de la facción pro-seléucida y estacionó una fuerte guarnición en la ciudadela de Sión, al noroeste del Templo. Tras un largo asedio que dejó a Jerusalén en ruinas, Antíoco III recuperó la ciudad en el año 200 a.e.c.

Para lograr esto, Antíoco III había contado con la ayuda de la aristocracia tradicional de la ciudad y del Sumo Sacerdote, Simón II, un sadoquita que estaba a la cabeza del partido pro-seleucida. Antíoco III demostró su gratitud a sus partidarios liberando de impuestos personales a la aristocracia secular y a la casta sacerdotal.

Atrapada entre Siria y Egipto, Jerusalén una vez más, como en los días de Isaías y Jeremías, había sido desgarrada por facciones opuestas, una a favor de Antíoco, la otra inclinada hacia Ptolomeo.

Gracias a su relación con los Tobías, cuando los seléucidas tomaron el relevo de los ptolomeos, el sacerdocio de Jerusalén se había convertido en un poder político y económico que ya no podía ser ignorado por el rey. Antíoco III restauró al Sumo Sacerdote, Simón II, conocido como «el Justo»[52] en su puesto de jefe de la nación y volvió a delegar en él la responsabilidad de la recaudación del tributo. Simón también emprendió la tarea de reconstruir la ciudad y el Templo. Se condujo agua corriente a la ciudad y se reconstruyó la muralla.

---

[52] *Hassaddiq.*

Muchos judíos, habían esperado que el cambio del régimen ptolemaico al seléucida fuera menos gravoso. La realidad, sin embargo, resultó diferente. Antíoco III, bajo cuyo gobierno se encontraban ahora, tomó parte en costosas guerras, ninguna más costosa que su guerra con Roma, la que redujo la extensión de su reino y le obligó a pagar una gran indemnización a Roma, repartida en varios años. Por lo tanto, se vio obligado a imponer a sus súbditos impuestos más elevados que los que habían determinado los Ptolomeos.

Antíoco III murió durante un ataque al templo de Elymais, cerca de Susa. Dejó dos hijos: Antíoco, que se encontraba en Roma como rehén, y Seleuco, que subió al trono como Seleuco IV Filopator.

Durante el reinado de Seleuco IV Filopator, Onías III se convirtió en Sumo Sacerdote en Jerusalén.

Este hijo del Sumo Sacerdote Simón II no parecía tan capaz de imponerse en las complejidades políticas, económicas y religiosas como lo fue su padre. Las familias sumo sacerdotales de Jerusalén estaban enfrentadas entre sí, y Onías III tuvo que luchar para evitar ser depuesto por una de ellas.

El tesoro del Templo se estaba convirtiendo cada vez más en el fondo privado de unas pocas familias altamente situadas que ejercían el poder en la ciudad. Entre ellas, los hijos de Tobías, que controlaban el Estado mediante su supervisión del mercado, la recaudación de impuestos y el ejercicio de otros privilegios financieros.

Surgió una aguda lucha entre el sumo sacerdote Onías III y su primo Simón de Bilgah, jefe de la administración del templo y partidario de los Tobías. Simón pretendía además de ser el administrador del Templo, administrar también el mercado de la ciudad. Cuando Onías III se negó a consolidar estos dos importantes cargos en una sola persona, Simón, junto con Apolonio, el gobernador seléucida, conspiró contra él.

Simón de Bilgah acusó al Sumo Sacerdote de formar una alianza con otro de los Tobías, Hircano Tobías, quien favorecía a los ptolomeos y era adversario de los seléucidas, al permitirle depositar sus fondos en el Templo. Para sustentar su acusación, argumentó que si los sacrificios diarios se financiaban con el tesoro seléucida, entonces ¿por qué el Templo había acumulado un exceso inusual en el tesoro?

Seleuco IV envió a su principal ministro, Heliodoro, a investigar las acusaciones.

Cuando Heliodoro llegó a Jerusalén, fue recibido calurosamente por Onías III. Sin embargo, cuando el ministro de Seleuco expresó su deseo de entrar en el Templo para confiscar el dinero que se creía escondido allí, se le negó el acceso. Onias ofreció como explicación que gran parte del dinero había sido depositado por viudas y huérfanos. Aunque reconoció que parte de los fondos del Templo pertenecían a Hircano, lo defendió de las acusaciones vertidas por su adversario, su hermanastro, Simón de Bilgah. Onías declaró además a Heliodoro que sería a la vez erróneo y sacrílego entrar en el Templo y apoderarse del dinero confiado a su santidad por los fieles.

Parece que Heliodoro llegó a algún tipo de acuerdo con Onías III, lo que les permitió resolver el asunto satisfactoriamente. Heliodoro ya había formado planes para asesinar a su rey, Seleuco IV, y coronarse rey de Siria. Tal vez creyó conveniente tener como amigo al sumo sacerdote del Templo de Jerusalén y líder de los judíos.

En 175 a.e.c., Heliodoro asesinó a Seleuco IV. Eludiendo a su hijo mayor, Demetrio -que servía como rehén en Roma en lugar de su tío Antíoco—Heliodoro se nombró a sí mismo regente del hijo menor de Seleuco IV. Su intención era clara: utilizar al niño como fachada para sus propias ambiciones y asegurarse el control efectivo del reino.

Onías III, temiendo la posibilidad de una guerra civil en Jerusalén en la que Simón de Bilgah y los hijos de José Tobías podían contar con la protección de Apolonio, el gobernador de Coele- Siria, se dirigió a Antioquía para ver al rey Seleuco en persona. Sin embargo, entretanto, Seleuco IV fue asesinado.

Antíoco, hermano del asesinado Seleuco IV, consiguió reunir el apoyo suficiente de la clase dirigente griega de Antioquía para reclamar el trono. Argumentó que el sucesor legítimo, el hijo mayor de Seleuco IV, Demetrio, era aún muy joven y se encontraba como rehén en Roma.

Más astuto que Heliodoro, Antíoco adoptó el nombre de Antíoco IV Epífanes y se proclamó corregente junto con el hijo menor de su hermano, también llamado Antíoco.[53]

Onías III permaneció en Antioquía durante algún tiempo luego de que Antíoco IV Epífanes ascendiera al trono. Sin embargo, el nuevo rey estaba mal dispuesto hacia él, sospechando que Onías III mantenía relaciones amistosas con los ptolomeos; Coele-Siria acababa de ser arrebatada de manos de los ptolomeos, y Antíoco IV Epífanes quería despedir a los funcionarios que pudieran querer el retorno de los ptolomeos.

Al darse cuenta de que el nuevo rey le era desfavorable y de que, al parecer, había un complot contra su vida, Onías III huyó a Egipto, donde más tarde recibió permiso de Ptolomeo y Cleopatra para construir un templo en Heliópolis, que pasó a ser conocido como la Casa de Onías.[54]

Con el puesto de Sumo Sacerdote en Jerusalén vacante, el hermano de Onías III, Jasón (Josué), solicitó a Antíoco IV Epífanes que lo confirmara en el cargo, prometiendo pagar la

---

[53] Antíoco, hijo de Seleuco IV, moriría más tarde en el 170 a.e.c., posiblemente asesinado por Antíoco IV.
[54] El año 168 a.e.c. fue el más adecuado para construir un templo en Egipto, pues en ese mismo año el Templo de Jerusalén fue profanado por Antíoco IV, Epífanes.

gran suma de 360 talentos (probablemente el tributo regular) más otros 80 talentos. Además, pagó 150 talentos para que Jerusalén se convirtiera en una fundación griega con un gimnasio y un *efebeion*55 y la prerrogativa de elaborar una lista de personas para ser ciudadanos de una polis dentro de Jerusalén que se llamaría Antíocenes en honor del rey.

Antíoco IV Epífanes, atormentado por la derrota de su padre, creía que conquistar la costa mediterránea oriental era fundamental a largo plazo. Había llegado a la conclusión de que la falta de unión entre los estados orientales había sido una de las causas principales de la victoria romana.

Decidido a evitar que se repitiera este escenario, la principal preocupación de Epífanes era impedir la penetración romana en Oriente Próximo. Así, se propuso unir a Siria y a Egipto en un solo estado bajo el dominio seléucida. Inició un proyecto de helenización de todos sus territorios orientales para crear un estado homogéneo gobernado por una fuerte autoridad central.

El pequeño país de Yehud se convirtió así en muy importante para Antíoco porque podía servirle de base para su propuesto ataque a Egipto.

Para asegurarse la completa lealtad de Yehud, tuvo que apoyarse en los hijos de José, que ahora eran pro-seleucidas y favorecían la helenización de Yehud.

La familia Tobías había sido la responsable de transformar a Jerusalén de ser una ciudad oscura e insignificante a ser una ciudad prominente. Pero sus ganancias económicas solo podían realizarse si Jerusalén pudiera contar con los privilegios de una ciudad helenística. Los Tobías se sentían perjudicados en sus empresas comerciales porque Jerusalén no tenía el privilegio de acuñar moneda, mientras que otras ciudades, tales como Tiro, sí

---

55 Instituto para la educación griega.

lo tenían. Sabían que no podrían lograr su objetivo mientras Onías III fuera el sumo sacerdote y, por tanto, apoyaron a Jasón.

Así, Jasón, aprovechándose a la vez de su propia posición y de la bancarrota real, logró ser confirmado en el cargo. Esto constituía en sí misma una violenta desviación de la tradición judía, ya que solo el hijo mayor, y no un hermano, podía suceder a su padre en ese cargo mientras un hijo estuviera vivo.

Jasón se consideraba clara, total y fielmente judío, aún cuando había obtenido permiso para que Jerusalén se convirtiera en una fundación griega. Ser «helenizado» no significaba perder la identidad judía. El judaísmo y el helenismo no eran sistemas opuestos ni conceptos incompatibles. Sería incorrecto suponer que la helenización supuso la erosión de las tradiciones y creencias judías. Los judíos no tenían que elegir entre la asimilación o la resistencia a la cultura griega.

A pesar de que con frecuencia se ha simplificado como un conflicto entre «helenistas» y otra parte fiel al Yehud. En realidad, el conflicto entre las partes tenía que ver principalmente con la avaricia familiar y la lujuria dinástica dentro de la administración del Templo.

El hecho es que a los miembros del estamento religioso de Jerusalén les parecía perfectamente aceptable participar en las actividades del gimnasio manteniendo su función sacerdotal.

Los romanos y los judíos fueron los únicos pueblos de la Antigüedad que aceptaron la civilización helenística. Los demás permanecieron reacios a ella. Sólo los judíos, entre todos los orientales, fueron capaces de aceptar la civilización helénica y conservar al mismo tiempo su individualidad.[56]

---

[56] Por ejemplo, el judaísmo post-macabeo adoptó la idea más importante del helenismo, la de la perfección a través de la educación liberal. Los fariseos consideraban la instrucción universal como fundamental para el judaísmo. Establecieron una escuela en cada aldea de la tierra de Israel. BICKERMAN,

Tres años después de su nombramiento, Jason envió el dinero prometido al rey seléucida con un sacerdote llamado Menelao. Menelao aprovechó la oportunidad para hacerse con el puesto de Sumo Sacerdote ofreciendo a Antíoco una suma de dinero que superaba los 300 talentos que Jason había pagado por su puesto. Además de sentirse cautivado por la oferta financiera, Antíoco IV Epífanes también simpatizaba con la garantía de Menelao quien expresaba un fervor aun mas ardiente que el de Jason por el proceso de helenización.

El rey, consiguientemente, destituyó a Jasón, y designó a Menelao en el puesto de Sumo Sacerdote.

"Esta fue una monstruosa intervención del poder real en un asunto interno de la comunidad religiosa de Jerusalén. Pero no se debió a la iniciativa propia del rey. Fue provocado por ciertos círculos del sacerdocio de Jerusalén, que intentaron obtener el apoyo del rey en su lucha por el poder, incitando así al rey a intervenir ahora y en el futuro en el nombramiento del Sumo Sacerdote y en los asuntos religiosos de Jerusalén en general."[57]

Jasón, sin embargo, no cedió su puesto sin antes intentar defenderlo. Pero un oficial llamado Sostrates fue enviado por Antíoco con una tropa de soldados ciprianos para someter cualquier oposición que pudieran intentar los seguidores del ahora depuesto sumo sacerdote Jasón y al mismo tiempo recaudar la suma que Menelao había prometido.

ELIAS, J: "The Historical Foundations of Postbiblical Judaism," in *The Jews: Their History, Culture and Religion*, Louis Finkelstein (ed.), Vol. I, p. 110
[57] NOTH, MARTIN: *The History of Israel*, p. 363

En Jerusalén estalló una guerra civil con los tobías del lado de Menelao. Jasón finalmente, terminó huyendo a Jordania.

Gracias al apoyo militar del rey Antíoco, Menelao pudo convertirse en sumo sacerdote. Al igual que en el pasado Esdras y Nehemías habían impuesto sus puntos de vista a través de la autoridad de los reyes persas, Menelao empleó edictos reales y la fuerza militar para forzar a los judíos de Yehud y Jerusalén a obedecer.

Las fallas del Sumo Sacerdocio como institución se pusieron en evidencia a medida que los requisitos para ocupar el puesto se vieron cada vez más comprometidos. En la práctica, el cargo de Sumo Sacerdote se vendía al mejor postor; alguien con lazos políticos con los gobernantes extranjeros, quienes no solo nombraban a estas personas, sino que también podían destituirlas de acuerdo a sus intereses.

Menelao había prometido a Antíoco IV Epífanes, rey de Siria, una gran suma de dinero en un corto plazo, pero se encontró con que el tesoro del Templo no contenía lo suficiente para pagar la suma que había prometido. Viajó entonces a Siria para excusarse ante el rey y ganar algún tiempo. Todo ello mientras dejaba a su hermano Lisímaco para que le sustituyera como sumo sacerdote durante su ausencia y se dedicara a recaudar los fondos necesarios.

Lisímaco procedió a robar muchas de las vasijas de oro del Templo, un acto sacrílego que causó gran indignación en el pueblo. Estos tesoros, acumulados durante generaciones, pertenecían a todo Israel, y era inexcusable que un pequeño grupo dispusiera del patrimonio del Templo como si fuera exclusivamente suyo.

Onías III, desde el exilio en Antioquía, denunció públicamente a Menelao por el robo de las vasijas de oro del Templo.

Menelao, a su vez, sobornó a Andrónico, el gobernador provisorio de Antioquía, para que asesinara a Onías III, el último de los legítimos Sumos Sacerdote sadoquitas.

Los seguidores hasídicos de Onías III fueron probablemente los instigadores de los disturbios del templo. Estos hasidim eran extremistas religiosos que surgieron en respuesta a otros extremistas que, en su opinión, estaban dispuestos a abandonar el judaísmo a cambio del helenismo.

Pertenecían a los escribas que se habían reunido en torno a Esdras y Nehemías dos siglos antes.

Las multitudes se rebelaron en Jerusalén y Lisímaco, con unos 300 hombres armados, lideró una contienda callejera. Aunque murieron muchos judíos, el pueblo finalmente salió victorioso: los hombres de Lisímaco se retiraron y Lisímaco mismo fue asesinado cerca del Templo.

Posteriormente, tres hombres, representantes de la *gerousia*58, el Consejo del Templo, formado por ciudadanos de la nueva aristocracia helenística de Jerusalén creada por Jasón, comparecieron ante el rey para presentar cargos contra Menelao.

Menelao no solo se libró de los cargos sobornando a Ptolomeo, hijo de Dorymenes, un amigo del rey, sino que también se ganó el favor de Antíoco Epífanes.

Acusó a los habitantes de Jerusalén de ser partidarios de Egipto y afirmó que lo perseguían únicamente porque se oponía a sus intrigas políticas. Esta acusación llevó a la ejecución de los tres diputados de la gerousia, a pesar de que habían demostrado sin lugar a dudas que Menelao y Lisímaco habían profanado el Templo. Cuando otros tres opositores de Menelao lo

---

[58] El Senado del Templo, también conocido como el consejo gobernante o el precursor del Sanedrín.

denunciaron en Tiro, Menelao sobornó al juez para que también los ejecutara.

Muchos destacados sacerdotes hasídicos abandonaron Jerusalén en esa época, tanto por su propia seguridad como porque decidieron no seguir sirviendo en un templo dirigido por los asesinos de su líder. Alrededor del 166 a. e. c., los hasidim se habían exiliado de Jerusalén, evitaban el templo y eran conocidos por su fuerte oposición a los helenistas.

En medio de toda la agitación en Yehud, en noviembre de 170 a.e.c., el ejército egipcio ptolemaico salio de la ciudad de Pelusium para iniciar su invasión de Coele-Siria. Antíoco respondió con un contraataque, que pronto se convirtió en una invasión del propio Egipto. Avanzó hacia allí, conquistando todo menos Alejandría. Egipto, ahora dividido entre dos reyes rivales, quedó a merced de Epífanes.

Este logro fue posible en parte porque Roma—aliada tradicional del Egipto ptolemaico—estaba inmersa en la Tercera Guerra Macedónica y no estaba dispuesta a implicarse en otra cosa. Para Antíoco IV Epífanes este fue un gran éxito. Era la primera vez desde Alejandro Magno que Egipto era invadida exitosamente desde Coele-Siria, algo que había eludido a su padre, Antíoco III, el Grande.

Durante los años 169-168 a.e.c., Antíoco encabezó un vasto contingente militar en una nueva incursión contra Egipto. Esta vez contaba con todas las posibilidades de obtener un triunfo completo.

Después de tres conflictos bélicos contra los monarcas macedonios, los romanos determinaron que había llegado el momento de erradicar la centenaria monarquía macedonia mediante la división del reino en cuatro estados distintos, cada uno de los cuales era libre, pero estaba sujeto a pagar tributos a Roma.

El Senado romano, que tenía un control sólido de la costa oriental del Mediterráneo, consideró la propuesta de Antíoco IV Epífanes de anexar Egipto, una amenaza a su territorio nacional.

El cónsul Popilio Laenas encabezó una misión a Antíoco, exigiendo que Epífanes se retirara de Egipto.

Cuando el rey del imperio seléucida solicitó tiempo para buscar asesoramiento, Popilio Laeanas trazó un círculo alrededor de Antíoco y le ordenó que «decidiera en el acto y no abandonara ese anillo hasta haber dado una respuesta al Senado sobre si perseguiría la paz o la guerra con Roma». Antíoco respondió que obedecería al Senado.

Tras ser forzado por Roma a abandonar Egipto, regresó por la costa fenicia, «gimiendo y con el corazón amargado», según un antiguo historiador.

Durante el conflicto bélico entre Antíoco y Egipto en el año 168 a.e.c., es muy probable que las esperanzas de la gente ayudaran a la difusión de rumores falsos sobre la muerte del rey. Como resultado, Jasón, quien había sido destituido de su cargo como Sumo Sacerdote tres años antes y se había visto obligado a huir a Transjordania, retornó a Jerusalén e intentó recuperar su antigua posición.

Encabezando una modesta fuerza de aproximadamente mil hombres, Jasón atacó sorpresivamente a Jerusalén. Tomó el control de la ciudad y obligó temporalmente a Menelao, el sumo sacerdote seléucida, a buscar refugio.

El clima en Jerusalén, que se había vuelto tenso incluso antes de que Antíoco IV llegara al trono, desencadenó una segunda guerra civil, caracterizada por violentos enfrentamientos callejeros.

Según Josefo,[59] esta revuelta fue ante todo una lucha de poder entre el partido proegipcio, que estaba del lado de Jasón, y los hijos de José—la familia Tobías y sus partidarios—que estaban del lado del sumo sacerdote seléucida Menelao.

Jasón fracasó en su intento de recuperar su antigua posición porque tuvo que luchar tanto contra los seguidores de Menelao como contra los de su propio hermano Onías. Tampoco recibió suficiente apoyo público para hacerse con el control de la ciudad. Se vio obligado a huir una vez más a las tierras al este del Jordán, donde se había retirado tras su primera deposición.

Lo más probable es que la noticia del asedio de Jasón a Menelao llegara a oídos de Antíoco IV al tiempo que los romanos lo obligaron a abandonar Egipto. Esto aconteció, coincidentemente, durante el brote de un movimiento disidente en la ciudad fenicia de Arad.

Antíoco se dio cuenta de que no podía permitirse disturbios y una posible guerra civil en Yehud. Yehud le servía como zona de contención, protegiéndole en caso de un ataque egipcio.

El levantamiento había sido una demostración de hostilidad hacia Siria, ya que Menelao era ahora el títere acreditado de Antíoco Epífanes. El rey sirio se vio así obligado a intervenir para proteger su control de Yehud. Probablemente llegó a la conclusión de que no le quedaba otra alternativa que la de sofocar el levantamiento judío con mano dura.

En el otoño de 168 a.e.c., Epífanes envió una fuerza dirigida por Apolonio, un comandante regimental, para que sofocara lo que consideraba una rebelión contra su poder.

Apolonio marchó contra Jerusalén con una fuerza de 22.000 hombres. Llevó a cabo una masacre de tres días en la que murieron jóvenes y ancianos, así como mujeres y niños. En total,

---

[59] *Guerra I 31- 3; Ant.* XII 239-41

perdieron la vida ochenta mil personas, cuarenta mil de las cuales murieron violentamente y otras tantas fueron vendidas como esclavos. Muchos de los supervivientes buscaron refugio escondiéndose o huyendo de la ciudad.

Las guerras con Egipto habían vaciado el tesoro de Epifanes, quien necesitaba dinero más que nunca. En consecuencia, despojó al templo de sus vasijas de oro y plata, así como del altar de oro, el candelabro, la mesa de exhibición y las cortinas sagradas.

Después de derribar las murallas de la ciudad, Apolonio construyó en la Ciudad de David, al sur del Monte del Templo, una fortaleza conocida como el Akra. Construyó muros y torres de gran altura para fortificar la zona, y estacionó allí una guarnición macedonia, además de judíos leales a la política de Antíoco. Esta fue una medida extremadamente significativa. El Akra sustituyó a la antigua ciudad de Jerusalén, la que había sido parcialmente despoblada y privada de su muralla.

Aproximadamente un año después de las actividades de Apolonio, se promulgó una orden de Antíoco IV Epífanes prohibiendo la fe judía.

Los privilegios que los emperadores reinantes habían concedido a la comunidad religiosa de Jerusalén desde el principio del periodo persa, los que habían sido confirmados repetidamente hasta los reinados de Antíoco III y Seleuco IV, y que garantizaban a la comunidad el derecho a vivir según sus propias leyes religiosas, quedaban así abolidos.

El 6 de diciembre de 167 a.e.c., las medidas seléucidas culminaron con la dedicación del templo de Jerusalén a Zeus Olimpo y la construcción de un altar pagano sobre el gran altar de sacrificios del Templo, que fue apodado «la abominación de la desolación».[60] El sacrificio diario fue suspendido y, el 15 de

---

[60] *Dan.* 11: 31; *Dan.* 12: 11

diciembre, se presentaron las primeras ofrendas en honor del rey. Antíoco decretó ahora el sacrificio del cerdo y la prohibición de la circuncisión.

Los judíos consideran «persecución» la aplicación de estas órdenes y prohibiciones reales.

Aquellos que resistieron consideraron que Antíoco IV Epífanes había atacado los cimientos del judaísmo, sus principales símbolos de identidad nacional, el Sumo Sacerdocio y el culto.

Sin embargo, estas acciones no representaban una persecución deliberada a los judíos por parte del gobierno seléucida, sino más bien una forma de retribución contra los súbditos desobedientes que habían contravenido al monarca y a su Sumo Sacerdote designado. La persecución se llevó a cabo como consecuencia del reto al edicto real por parte de un pueblo obstinado.

Debido a las acciones de Apolonio y a los edictos de Antíoco Epífanes, numerosos individuos se enfrentaron voluntariamente a la muerte por su fe. La mayoría, sin embargo, escapó de Jerusalén hacia el campo, y algunos se refugiaron en el desierto y en cuevas para evitar profanar su religión.[61]

Junto al conflicto entre Israel y el Imperio Seléucida, surgió otra discordia entre los "piadosos" y los "apóstatas" dentro de Yehud.

---

[61] *1 Mac.* 1: 38. *2 Mac.* 5: 27 relata la huida de Judá Macabeo y su pueblo de la ciudad inmediatamente después de las acciones de Apolonio y antes de las de Antíoco.

Los Asmoneos

Matatías, sacerdote de la tribu de Joarib, acompañado de sus cinco hijos, Yohanán, Simón, Judá, Eleazar, y Jonatán, fue uno de los que abandonaron Jerusalén para vivir en la pequeña ciudad de Modi'in, en la carretera entre Jerusalén y Jaffa, probablemente el hogar ancestral de la familia. La familia se llamaba a sí misma 'asmoneos' en honor a Asmon, su antepasado más reciente.

Los enviados itinerantes del rey llegaron a Modi'in para asegurarse de que todos los judíos seguían la jurisdicción de la nueva fe. Para asegurarse de que nadie pudiera evitar participar en los festivales del nuevo culto, ahora era mandatorio colocar altares temporales delante de cada casa.

Matatías no sólo se negó a obedecer la orden de ofrecer sacrificios, diciendo

> *Aunque todas las naciones que viven bajo el dominio del rey le obedezcan y hayan optado por cumplir sus mandamientos, apartándose cada uno de la religión de sus padres, yo, mis hijos y mis hermanos viviremos según el pacto de nuestros padres.*[62]

sino que mató a un judío, que estaba dispuesto a ofrecer un sacrificio, así como al funcionario real. Luego destruyó el altar.

---

[62] *1 Mac.* 2: 19 f.

Con este acto, Matatías izó la bandera de la revuelta. Ahora era imposible para la familia asmonea permanecer en Modi'in. Hizo un llamamiento a sus conciudadanos para que le siguieran y escaparan con él a las montañas del inaccesible desierto de Yehud. Allí, hasta el 166 a.e.c., se reunieron a su alrededor seguidores de ideas afines.

Entonces muchos que buscaban la rectitud y la justicia bajaron al desierto para morar allí: ellos, sus hijos, sus mujeres y su ganado, porque los males les apremiaban. Y se informó a los oficiales del rey y a las tropas en Jerusalén, la ciudad de David, que los hombres que habían rechazado el mandato del rey habían descendido a los escondrijos del desierto.

Muchos los persiguieron y los alcanzaron; acamparon frente a ellos y se prepararon para combatir contra ellos el día de reposo. Y les dijeron: «¡Basta ya! Salid y haced lo que manda el rey, y viviréis». Pero ellos respondieron: «No saldremos ni haremos lo que manda el rey, profanando así el Shabat». Entonces el enemigo se apresuró a atacarlos.

Pero ellos no les respondieron, ni les arrojaron siquiera una piedra, ni bloquearon sus escondites, pues dijeron: «Dejadnos morir a todos en nuestra inocencia; el cielo y la tierra atestiguan por nosotros que nos estáis matando injustamente». Así pues, los atacaron durante el Shabat, y murieron, con sus mujeres, hijos y ganado, mil personas.

Cuando Matatías y sus amigos se enteraron, los lloraron profundamente. Y cada uno dijo a su vecino: «Si todos hacemos como han hecho nuestros hermanos y nos negamos a luchar con los gentiles por nuestras vidas y nuestras ordenanzas, pronto nos destruirán de la tierra.» Entonces, ese día tomaron esta decisión: «Luchemos contra todo hombre que venga a atacarnos en el día de reposo; no muramos todos como murieron nuestros hermanos en sus escondrijos».
Fue entonces cuando se unió a ellos una compañía de jasidim, poderosos guerreros de Israel, todos los que se ofrecieron voluntariamente por la ley. Y todos los que se convirtieron en fugitivos para escapar de sus problemas se unieron a ellos y los reforzaron.[63]

El anciano Matatías murió poco después de haber organizado estas guerrillas, y el liderazgo fue asumido por su tercer hijo, Judá, apodado el Macabeo.[64]

La resistencia judía liderada por Judá y sus hermanos tardó algún tiempo en ponerse en marcha. Al principio, Judá evitó el combate directo con los sirios. Las primeras acciones, en efecto, tuvieron como objetivo a los judíos «apóstatas».

Durante dos años, Judá libró una guerra de guerrillas como su padre, realizando incursiones sorpresivas contra los apóstatas sin

---

[63] *1 Mac.* 2: 29- 43
[64] El significado del nombre "Macabeo" es incierto. El término se deriva de la palabra hebrea *makkeb*, "martillo." También se ha creído que es un acróstico de las palabras hebreas que en traducción significan: "¿Quién como Tú entre los dioses, oh Señor?" (*Éx.* 15: 11). También se ha sugerido que originalmente era el apellido de Judá: "el martillo".

atacar ninguna ciudad amurallada ni la fortaleza del tirano en Jerusalén.

Ahora aparecía en Bet Horón (a unas cinco horas al noroeste de Jerusalén), Modi'in, Mizpa o en la frontera samaritana. La pequeña banda de guerrilleros organizados caía de noche sobre las aldeas donde se habían erigido altares y los derribaba; castigaba severamente a los judíos que ayudaban a las fuerzas de Antíoco; circuncidaba a los que, siguiendo el decreto del rey, no se habían circuncidado.

En un principio, los ataques de los macabeos solo podían ser interpretados como las acciones de otra banda de delincuentes en los caminos. Sin embargo, la verdad era que la notable destreza táctica de sus líderes y la habilidad de combate de sus soldados se fusionaron para construir un potente ejército que no podía ser aniquilado debido a fallos aislados.

Lo que comenzó como una cruzada religiosa para restaurar el culto judío pronto se convirtió en una guerra por un estado judío independiente, en la que, durante parte del tiempo, la facción macabea solo fue un movimiento minoritario.

El primer intento de aplastar la revuelta vino de Apolonio,[65] a quien Judá consiguió derrotar.

Luego, por primera vez, Judá se encontró con un ejército organizado encabezado por Serón—el gobernador de Siria—en Bet Horón, en el camino a Jaffa, a doce millas al noroeste de Jerusalén. Se trataba de un gran ejército mercenario que no luchó

---

[65] Aunque Apolonio era un nombre muy común en el período helenístico, quizás sea el mismo Apolonio que, según *2 Mac.* 5: 24, había llevado a cabo la conquista y el saqueo de la ciudad de Jerusalén en el año 169 a.e.c. en nombre de Antíoco. NOTH, MARTIN: *The History of Israel*, p. 368

con el mismo celo que los soldados macabeos, quienes obtuvieron una significativa victoria.[66]

Mientras esto sucedía en Yehud, los partos, una importante potencia política y militar del noreste de Irán, se rebelaron contra Antíoco IV Epífanes, interrumpiendo la ruta comercial directa con la India y dividiendo el mundo griego en dos. Mientras Antíoco se apresuraba a luchar contra estos rebeldes, envió a un comandante llamado Lisias para que se ocupara de los macabeos. También lo nombró tutor de su hijo, quien sucedería a Antíoco como emperador.

Con plenos poderes para acabar con la revuelta de Judea, Lisias decidió zanjar la rebelión de los judíos de una vez por todas.

Reunió a sus tres mejores comandantes: Tolomeo, hijo de Dorimenes; Nicanor y Gorgias. Sus fuerzas incluían aproximadamente 40.000 soldados de infantería y 7.000 de caballería.

Lisias permaneció en Antioquía para gestionar los asuntos del estado. El aplastamiento de la revuelta parecía tan seguro que mercaderes de otros países se unieron al ejército, trayendo grilletes para encadenar a los esclavos que esperaban comprar a los sirios.[67]

Aunque el ejército macabeo era claramente inferior al ejército sirio dirigido por tres destacados generales, en septiembre del 165 a.e.c. se enfrentaron a las fuerzas sirias acampadas en Emaús a unas veintidós millas al oeste de Jerusalén, en el camino a Jaffa.

Gorgias decidió lanzar un ataque sorpresivo. Al caer la noche, 5.000 soldados de infantería y mil de caballería marcharon hacia

---

[66] Las bajas de Serón ascendieron a 800, mientras que el resto de su ejército huyó hacia la costa.
[67] ZEITLIN, SOLOMON: *The Rise and Fall of the Judaean State: A Political, Social and Religious History of the Second Commonwealth*, Vol. I. p. 98

el campamento de Judá. Sin embargo, los macabeos tenían espías en el ejército sirio y estaban al tanto de los planes de Gorgias. Las fuerzas de Judá atacaron también por la noche al grueso del ejército sirio, sorprendiéndolo y aniquilándolo.

Cuando Gorgias entró en el campamento de los judíos y no vio a nadie, supuso que Judá había huido a las montañas y lo persiguió. Tras marchar toda la noche en busca de Judá y sus hombres, las fuerzas de Gorgias regresaron a su campamento al amanecer. Lo encontraron en llamas, con Judá y sus hombres listos para la batalla. En lugar de atacar, el ejército sirio se dio a la fuga.

La victoria de Judá fue completa. El botín de guerra fue especialmente rico debido a las riquezas traídas por los mercaderes extranjeros en previsión de comprar a los judíos como esclavos.[68]

La consecuencia más significativa de la victoria de Judá fue que ahora el camino estaba abierto hacia Jerusalén.

A su regreso a Jerusalén los vencedores entonaron cantos de acción de gracias, lo que indica que muchos de los cantos que ahora forman parte del libro de los Salmos fueron recopilados por los hombres de Judá Macabeo y sus sucesores después de sus victorias.

Era el otoño del 165 a.e.c., y las fuerzas de Judá controlaban ahora la carretera de Jaffa a Jerusalén. La guarnición real de Akra estaba ahora incomunicada directamente con el mar y, por lo tanto, con el gobierno.

Lisias entendió las serias repercusiones de la revuelta si esta no era aplastada de inmediato, dado que podría extenderse por todo el Imperio seléucida. En lugar de invadir desde el norte, lo hizo desde el sur a través de Idumea. La ruta le llevó a lo largo de la

---

[68] *1 Mac.* 4: 1-27

costa y hacia el sur, eludiendo las regiones montañosas, y desembocó en un campamento en Bet Zur, a unos treinta y dos kilómetros al sur de Jerusalén, en dirección a Hebrón. Se trataba de una gran fuerza seléucida, ciertamente mayor que la enviada durante la batalla de Emaús el año anterior.

Judá se vio obligado a abandonar su escondite en las colinas y se apresuró hacia el sur. Ahora podía movilizar un ejército considerable; sin embargo, seguía siendo insuficiente para igualar a las fuerzas de Lisias, ya que Judá carecía tanto de caballería como de elefantes.

Las fuerzas judías llevaron a cabo un ataque al estilo «asalto y huida», durante el cual los rebeldes, en un dramático enfrentamiento, cargaron contra una parte del campamento. En consecuencia, Lisias, se vio forzado a implementar una retirada ordenada. Los macabeos, entonces, enviaron diputados para negociar un acuerdo con Lisias.

Casi al mismo tiempo, Menelao, sumo sacerdote y líder del partido helenizante, también intervino en las negociaciones y actuó como mediador entre el rey y los judíos.

Una embajada romana, probablemente en camino a Antioquía, se puso del lado de los judíos y los convenció de que formularan sus demandas rápidamente para que ellos mismos pudieran presentárselas al rey. En resumen, parece que todas las partes estaban interesadas en lograr la paz entre el gobierno y los insurgentes macabeos.

Epífanes se encontraba por ese entonces enfrascado en una seria guerra en Oriente; el tesoro imperial estaba nuevamente vacío, y la cuestión de si los judíos comían de acuerdo o en contra de sus leyes dietéticas debió parecerle ahora de poca importancia.

Bajo estas circunstancias, Epífanes decidió poner fin a las persecuciones.

En una proclamación a la nación judía, declaró que Menelao le había informado que los judíos que habían huido de sus hogares —es decir, aquellos leales a la antigua fe, entre ellos los macabeos— deseaban regresar a sus residencias legales. Se garantizó entonces la exención de castigo a todos los que regresaran antes del 29 de marzo de 164 a.e.c., y además, se les aseguró que se les permitiría «utilizar sus propios alimentos y observar sus propias leyes como antaño».

Había llevado unos tres años derogar las prohibiciones de obedecer la Torá. La constitución de la *polis*, que había sido impuesta al pueblo, fue rescindida. La persecución, en consecuencia, había acabado.

Durante más de un año[69], los sirios dejaron Yehud en paz. Sin embargo, no se había logrado la independencia total ni se habían resuelto los conflictos internos. En la segunda mitad del año 164 a.e.c., Judá y sus seguidores se sintieron lo suficientemente seguros como para marchar sobre Jerusalén y retomar la zona del Templo, sin encontrar resistencia.

Mientras el templo era purificado y reinaugurado, Judá designó una guardia para mantener a los sirios atrincherados en el Akra. Este era el lugar donde los líderes del movimiento helenístico en Jerusalén habían establecido su cuartel general y desde donde controlaban la ciudad.

El Templo estaba ahora en manos de los macabeos, pero durante meses no ocurrió nada. La maleza crecía en los patios del templo como si estuvieran en un bosque, lo que sugería que no había habido allí actividad durante un largo tiempo.[70]

Los jaredíes creían que el cumplimiento de las profecías apocalípticas del Libro de Daniel y de otros pasajes era inminente. El imperio seléucida llegaría a su fin y el reino eterno

---

[69] Otoño de 165 a la primavera de 163 a.e.c.
[70] *1 Mac.* 4: 3

sería inaugurado con la resurrección. Estas profecías no mencionaban ninguna restauración humana. Su postura era que sería presuntuoso que los seres humanos restauraran el Templo cuando Dios estaba a punto de hacerlo.

Según los jaredíes, Dios actuaría al comienzo del año sabático, en el mes judío de Tishrei, en el año 164 a.e.c.

Por respeto a esta perspectiva, Judá esperó. Tishrei llegó y pasó, y ninguna intervención milagrosa se produjo.

A pesar de las objeciones de los jaredíes, al comienzo del Año Nuevo judío,[71] Judá destruyó el ídolo instalado en el Templo, conocido como la "Abominación de la Desolación." Esta destrucción fue presentada como un acto de celo por Dios y no como una sustitución permanente por la acción humana de la obra divina. Judá nombró sacerdotes que eran fieles a las tradiciones ancestrales para que desmontaran el altar del holocausto, profanado por sacrificios paganos. En su lugar, se construyó un nuevo altar y se prepararon los elementos necesarios para el culto.

Debido a la ausencia de los artefactos que se encontraban en el Tabernáculo original y en el Primer Templo, los asmoneos enfatizaron en su culto el significado del candelabro de oro.

Judá esperó hasta el final de Sucot.[72] Al no haber novedades, no parecía haber motivo para prolongar la espera. Sin embargo, decidieron posponer la rededicación formal del Templo hasta el 25 de Kislev.[73]

---

[71] Tishrei.

[72] La festividad de siete días en la que los judíos habitan en cabañas temporales llamadas sukkah (pl. sukkot) conmemorando los años que los israelitas pasaron en el desierto después de salir de Egipto. Se celebra agitando las cuatro especies, alabando a Dios por el Éxodo de Egipto y la cosecha.

[73] Diciembre 164 a.e.c.

Este retraso fue significativo, pues acontecería en la misma fecha en la que Antíoco Epífanes había erigido la "Abominación de la Desolación" en el Santuario y consagrado el Templo a Zeus Olimpo. Ese día había sido el de mayor humillación para los judíos. Ahora, tres años después, la misma fecha sería testigo de una jubilosa celebración de la notable victoria macabea.

• • •

Yehud seguía rodeada de enemigos por todas partes. Siempre que se presentaba la oportunidad, los pueblos vecinos ayudaban gustosamente a los sirios a luchar contra los judíos. No solo los ayudaban con soldados y dinero, sino que también comenzaban a atacar a los judíos en su propio territorio.

Los paganos de Jaffa, por ejemplo, ahogaron a doscientos judíos que vivían entre ellos. Otras ciudades cometieron atrocidades similares. En todas partes, los judíos fuera del territorio de Yehud vivían en constante peligro de aniquilación. En consecuencia, tan pronto como el Templo fue purificado, Judá decidió enviar expediciones punitivas contra los vecinos helenizados para evitar que enviaran más ayuda a los sirios cuando estos reanudaran la guerra contra él, tal como se anticipaba que lo harían.

En respuesta, Judá convocó una *Kneset haGedolah*, una Gran Asamblea, la que lo envió a él y a su hermano Simón a Galilea y a Jonatán a Galaad con el objetivo de salvar a sus hermanos de la aniquilación.

Judá ciertamente no tenía intención de anexar territorio a Judea. Al contrario, siempre que era necesario, guiaba a los habitantes judíos de regreso a su patria.

Tras la conclusión de las expediciones de los hermanos macabeos en la primavera del 164 a.e.c., Judá inició el asedio del

Akra en Jerusalén, donde Menelao y la guarnición siria estaban estacionados.

Sin embargo, Menelao y muchos de sus seguidores lograron escapar. Huyeron a Antioquía, donde alegaron haber experimentado penurias debido a su amor al rey y haber sufrido por su adhesión a los decretos del rey Antíoco Epífanes. Advirtieron que la ciudadela corría el riesgo de ser capturada y la guarnición aniquilada por Judá Macabeo a menos que llegara ayuda pronto. Advirtieron además que todo el país podría caer en manos de los macabeos, afirmando: «Si no los detenéis de inmediato, harán más que esto, y no podréis contenerlos».[74]

Antíoco IV Epífanes acababa de morir durante una campaña contra los partos, y fue sucedido por Antíoco V Eupator, su hijo de ocho años, quien dependía por completo de su tutor, el regente Lisias. En el verano de 163 a.e.c., Lisias emprendió una segunda expedición contra los macabeos.

La marcha se dirigió de nuevo desde el sur, a través de Idumea, hasta Bet-Zur, donde Lisias estableció un sitio. Judá abandonó su propio asedio del Acra para enfrentarse a los sirios, pero fue derrotado en una batalla cerca de Bet-Zacarías. Luego se refugió en el templo, donde fue asediado por Lisias.

El asedio, sin embargo, no duró mucho. Filipo, el general a quien Antíoco IV le había otorgado autoridad en su lecho de muerte, intentó un golpe de estado en Antioquía, obligando a Lisias a abandonar Yehud y regresar a la capital seléucida para salvar su gobierno. Lisias levantó el asedio del templo y llegó a un acuerdo con los defensores.

En nombre del joven rey, ofreció la paz a los sitiados, garantizando la libertad de culto según la ley tradicional. Todas las órdenes emitidas por Antíoco IV Epífanes en el año 167 a.e.c., que habían provocado el estallido del conflicto militar,

---

[74] *1 Mac.* 6: 18- 24.

fueron oficialmente revocadas, y la comunidad religiosa de Jerusalén recuperó así su antigua posición.

A su regreso de Yehud, Lisias ordenó la ejecución de Menelao, probablemente porque comprendió que no habría paz posible en Yehud mientras Menelao siguiera ejerciendo el cargo de sumo sacerdote. Tras la ejecución, Alcimo fue designado para ocupar el puesto de Menelao como sumo sacerdote.

Aunque se había reconocido oficialmente el derecho a la libre celebración del culto público y la vida cotidiana conforme a la ley tradicional, y un nuevo sumo sacerdote había vuelto a ocupar el cargo, aún existía una guarnición seléucida en el Akra de Jerusalén, y oficiales y tropas seléucidas seguían presentes en el territorio. Yehud seguía bajo dominio extranjero.

Judá y sus seguidores aspiraban a la independencia política completa y a la total eliminación del dominio extranjero. Desconfiaban de la paz y consideraban intolerable que, a pesar de toda su legitimidad, el nuevo sumo sacerdote hubiera sido nombrado por el rey con la ayuda de recursos políticos y militares, tal como sus predecesores inmediatos habían sido nombrados por un rey hostil.

Por otro lado, para muchos judíos, la cuestión era simplemente la libertad religiosa. Para aquellos judíos, preocupados únicamente por la libertad de practicar su culto sin trabas y por el derecho a vivir estrictamente conforme a la Torá, una vez que Antíoco V Eupátor anuló los decretos de su padre, Antíoco IV Epífanes, y restableció a los judíos el derecho a vivir según sus propias leyes, el momento de conformarse con lo logrado había llegado. Tan pronto como se aseguró la libertad de culto, los jasidim, que habían estado con los macabeos desde el comienzo de la revuelta, abandonaron a Judá y a sus camaradas.

. . .

Al enterarse de la muerte de Antíoco IV, Epífanes, su sobrino Demetrio, quien se encontraba como rehén en Roma, logró huir.[75]

Al desembarcar en Trípoli, al norte de Sidón, el pueblo de Siria y el ejército se unieron a él. El joven rey y el regente Lisias fueron ejecutados.

En el verano de 162 a.e.c, el sumo sacerdote Álcimo presentó una queja formal ante Demetrio I, acusando a Judá y a sus seguidores de ser belicistas y revolucionarios que no solo querían privarlo de su sumo sacerdocio, que era la gloria de sus antepasados, sino que también se oponían al rey y perjudicaban económicamente al país.

Judá y sus hermanos fueron llamados traidores del estado, por lo que Demetrio I designó a Báquides, uno de sus amigos, para que marchara a Yehud a fin de expulsar a Judá y a sus seguidores y reinstaurar a Álcimo como sumo sacerdote.

Tras la deserción de los jasidim, Judá Macabeo se quedó con un pequeño grupo de partidarios, pero no pudo arriesgarse a una batalla abierta contra Báquides. Por lo tanto, abandonó Jerusalén y se adentró en el país.

Báquides, creyendo haber logrado restaurar el control sirio, regresó a Antioquía, dejando una pequeña fuerza militar en Jerusalén para proteger a Alcimo y supervisar los asuntos de Yehud.

Pero Judá continuó hostigando a Alcimo y a sus partidarios, por lo que el Sumo Sacerdote recurrió nuevamente a Antioquía en busca de ayuda.

Ptolomeo, hijo de Dorimenes, comandante militar de Siria y Fenicia, designó a Nicanor y para liderar una fuerza mayor

---

[75] 162 a.e.c.

contra los Macabeos. Se dice que la expedición liderada por Nicanor contaba con 40.000 soldados de infantería y 7.000 de caballería.

Judá ganó un combate inicial en Caphar Salama, a unos 10 kilómetros al noroeste de Jerusalén. Nicanor solicitó refuerzos adicionales y se libró una batalla el 13 de Adar,[76] cerca de Adasa, a 6 kilómetros al norte de Jerusalén. Nicanor fue derrotado y murió en la batalla; Judá logró perseguir al enemigo derrotado hasta la llanura costera. Judá finalmente había alcanzado la cima de su carrera con una brillante victoria sobre Nicanor.

Sin embargo, este no era el final de la historia.

Báquides regresó con un masivo ejército. para poner fin a la rebelión macabea en abril del 160 a.e.c.

Tras la deserción de los jasidim, muchos de los partidarios de Judá consideraron inútil enfrentarse a las fuerzas de Báquides y optaron por no participar.

A pesar de quedarse solo con 800 hombres, Judá entró en batalla y murió allí. Su muerte marcó el final de la primera fase de la lucha macabea.

Quienes habían seguido a Judá Macabeo o eran sospechosos de simpatizar con su objetivo de establecer Judea como estado independiente fueron aprehendidos y torturados hasta la muerte. Los hermanos restantes de Judá, Simón, Jonatán y Johanán, acompañados por varios cientos de soldados macabeos, huyeron al desierto de Tecoa, que se extiende desde el sureste de Belén hasta el Mar Muerto, allí eligieron a Jonatán como su líder.

• • •

---

[76] Marzo 161 a.e.c.

Báquides estableció una serie de fortalezas y las ocupó con guarniciones para asegurar el dominio seléucida.

La aristocracia de Yehud que seguía al Sumo Sacerdote Alcimo controlaba ahora a sus compatriotas. Todo lo que Jonatán y sus seguidores podían hacer ahora era perturbar repetidamente la paz.

El Sumo Sacerdote Alcimo murió, y sin ningún candidato disponible que tuviera la genealogía sacerdotal adecuada, el puesto quedó vacante.

En el verano de 160 a.e.c., Báquides regresó a Antioquía, lo que presentó a Jonatán y a su hermano Simón amplias oportunidades para hostigar a aquellos que gobernaban en Jerusalén, tendiendo emboscadas y castigando a quienes consideraban amigos del gobierno sirio.

Reconociendo la creciente fuerza de Jonatán, los líderes de Jerusalén pidieron a Demetrio que enviara un ejército para acabar con Jonatán y sus seguidores. Invitado de esta manera por los enemigos de Jonatán, Báquides regresó de nuevo a Yehud con un gran ejército.[77]

Careciendo de la fuerza necesaria para repeler a los sirios, Jonatán y su hermano Simón se retiraron a Bet Basi, en el desierto de Yehud, a unos cinco kilómetros al este de Tecoa.

Al enterarse de que los asmoneos habían ocupado y fortificado el villorio, Báquides lo sitió. Entonces Jonatán se retiró en secreto, dejando a Simón al mando de algunos de sus hombres para mantener la lucha en Bet Basi como distracción mientras él llevaba a cabo expediciones contra los pueblos vecinos. Muchos de ellos se aliaron voluntariamente con él contra Báquides. Así, Jonatán consiguió reunir un número suficiente de guerreros para

---

[77] 158 a.e.c.

atacar a Báquides desde el desierto mientras Simón hacía lo propio desde la fortaleza.

Báquides no había esperado la tenaz resistencia de Jonatán ni los ataques en dos frentes. Para encubrir su fallido intento de destruir a los macabeos y salvar las apariencias, culpó a los líderes de Jerusalén y ejecutó a muchos de ellos.

Intuyendo las diferencias existentes entre Báquides con sus aliados judíos, Jonatán vio aquí una oportunidad para llegar a un acuerdo. Envió a Báquides embajadores con una propuesta de paz. Ansioso por regresar a Antioquía, Báquides aceptó la oferta. A petición de Jonatán, entregó a los prisioneros y el botín que había tomado y desistió de continuar con las hostilidades. También accedió a que Jonatán permaneciera como líder de su grupo, pero no le permitió residir en Jerusalén. Como resultado de este acuerdo, la guarnición seléucida del Akra que gobernaba Jerusalén permaneció intacta.

Jonatán se fue a Micmas, a unos 13km. al noreste de Jerusalén, en 157 a.e.c., desde donde ejerció su gobierno como si fuera uno de los antiguos «jueces de Israel».

El acto de Báquides reforzó la política seléucida tradicional: respaldo a líderes judíos honrados capaces de preservar la estabilidad en la región. El general creía que Jonatán había llegado a esa posición.

Después de que Báquides se trasladara de Yehud a Antioquía, los líderes de Jerusalén ya no tuvieron el apoyo total del gobierno sirio. Además, su posición estaba muy debilitada por la falta de un Sumo Sacerdote.

La guerra había llegado a su fin; el puesto de Sumo Sacerdote había quedado vacante. Pero por el momento, Jonatán evidentemente no deseaba entrar en esa zona de conflicto potencial. En cualquier caso, el puesto vacante a la cabeza del estamento religioso demostraba la precaria reputación de los asmoneos entre su propio pueblo.

Cuatro años después de que Jonatán se hubiera establecido en Micmash, el rey seléucida reinante, Demetrio I, hijo de Seleuco IV, fue puesto en jaque por Alejandro Balas, quien afirmaba ser hijo de Antíoco IV.

Cuando Alejandro Balas desembarcó en Akko en el verano del 152 a.e.c., Demetrio I reconoció el peligro y, para asegurarse el apoyo de Jonatán, le confirió el título formal de «aliado». El rey seléucida le dio permiso oficial para mantener una unidad armada y entregó a Jonatán los rehenes que habían sido retenidos en el Akra de Jerusalén.

El estatus de aliado significaba el reconocimiento de la posición de los macabeos como entidad política autónoma, y la liberación de los rehenes del Akra invitaba efectivamente a Jonatán a volver a entrar en Jerusalén.

Armado con estas concesiones, Jonatán se trasladó a Jerusalén, refortificó la zona del Templo y mantuvo a raya a la ansiosa guarnición y a los ocupantes del Akra. La única guarnición que los seléucidas ahora seguían manteniendo era la de la fortaleza de Bet-Zur.

Pero, al mismo tiempo, el pretendiente Alejandro Balas también buscaba el favor de Jonatán. Escribió a Jonatán con el saludo de «hermano», le concedió el título de «amigo del rey», una designación de alta distinción en el sistema seléucida, y lo más revelador, lo nombró Sumo Sacerdote de los judíos.

Balas añadió un elemento concreto a su gesto enviando una vestimenta púrpura y una corona de oro, símbolos del poder secular, para la investidura de Jonatán. El atuendo representaba una práctica de la corte seléucida que señalaba que ahora Jonatán asumía el papel de cortesano helenístico y funcionario real.

Siete años después de que muriera el sumo sacerdote Alcimo, designado por los seléucidas, y el último de los aaronidas, la familia asmonea, sacerdotes de una rama menor no sadoquita y no aaronida, ocuparon por cuenta propia la vacante en la persona de Jonatán, el hijo menor de Matatías.

En consecuencia, en el año 152 a.e.c., el sacerdocio sadoquita fue desplazado del sumo sacerdocio por los asmoneos, quienes ocuparían este cargo hasta el reinado de Herodes.

Obviamente, un segmento considerable de los judíos se opuso a este nombramiento. La resistencia provenía de dos grupos. Los que estaban en parte helenizados y habían sido seguidores de Jasón, Menelao y Alcimo; y los jasidim, que seguían literalmente las leyes de la Torá.

Cuando, con Jonatán, los asmoneos cesaron su lucha contra los seléucidas y aceptaron como monarcas al reino helenístico, demostraron que les importaban más los altos cargos que la independencia del país.[78]

Judá había desencadenado un levantamiento en contra del opresivo régimen de Antíoco IV, pero no contra el reino seléucida. Nunca había reclamado como objetivo la erradicación del poder helenístico en Yehud, y mucho menos del helenismo.[79]

Demetrio I cayó en batalla, y Alejandro Balas se convirtió en rey de Siria y Babilonia.

El nuevo rey también entabló una alianza l con Ptolomeo VI Filométor de Egipto, casándose con su hija Cleopatra Thea. La boda se celebró con grandes festejos en Ptolemaida (Akko) en 150

---

[78] BIALE, DAVID: *Power & Powerlessness in Jewish History*, p. 20
[79] GRUEN, ERICH, S.: *Heritage and Hellenism: The Reinvention of Jewish Tradition*, p. 16

a.e.c. Jonatán llegó esplendoroso a la ceremonia de Ptolemaida, trajo regalos caros para los dos reyes y para sus amigos, y encontró el favor de sus ojos. El estatus de Jonatán como representante de la nación judía había sido proclamado abiertamente por dos monarcas helenísticos, y había acumulado un paquete suficiente de títulos y honores, para intimidar a sus oponentes en casa.

En el año 147 a. e. c., el hijo de Demetrio I, conocido como Demetrio II, se rebeló contra la autoridad de Balas como monarca. El imperio seléucida sostuvo una guerra civil de dos años, que culminó con Demetrio II matando a Alejandro Balas.

La inestabilidad en Siria le permitió a Jonatán convertir a Yehud en un estado independiente.

El símbolo del sometimiento de Yehud a Siria era el Akra, donde estaba estacionado un contingente del ejército sirio. Jonatán reunió su ejército y atacó la ciudadela.

Sin embargo, algunos judíos se opusieron al establecimiento de un estado independiente bajo el liderazgo de los asmoneos, ya que estos no pertenecían a las familias sacerdotales o davídicas. Una delegación de estos judíos fue a ver al rey Demetrio II para informarle de los designios de Jonatán. El autor de 1 Macabeos llama a estos judíos «gente que odiaba a su nación».[80] Autores anteriores los habían llamado «hombres sin ley y pecadores».

Cuando Demetrio II se enteró del ataque de Jonatán, fue a Tolemaida y pidió a Jonatán que abandonara el asedio de la ciudadela. Le ordenó además que viniera a Tolemaida para una conferencia. Jonatán se negó a levantar el asedio; sin embargo, fue a Tolemaida, llevando consigo a varios ancianos y sacerdotes. También llevaba consigo una considerable cantidad de oro con la que esperaba apaciguar la ira de Demetrio. La estrategia tuvo éxito.

---

[80] *1 Mac.* 11: 20

Jonatán consiguió aplacar la ira del rey y, en lugar de ser castigado por su comportamiento, regresó a Jerusalén con nuevas concesiones.

Demetrio II no sólo lo confirmó explícitamente en sus cargos, sino que también confirmó los privilegios de la comunidad religiosa de Jerusalén. Asimismo le entregó los tres distritos meridionales de la provincia de Samaria, cuyos habitantes habían permanecido fieles al culto de Jerusalén y no participaban del culto samaritano de Gerizim. De este modo, Yehud se vio ampliado con una ancha franja de tierra hacia el norte y el noroeste.

A pesar de que estas concesiones evidenciaban las competencias diplomáticas de Jonatán y la percepción de inseguridad de Demetrio II en su trono, este último no mostraba disposición para retirar la guarnición seléucida del Akra en Jerusalén y de Bet Zur.

En paralelo, Diodoto Trifón, quien desempeñaba el papel de líder militar en el ejército de Alejandro Balas, se esforzaba por conquistar el trono seléucida para su hijo y gobernar el imperio a través de él.

Trifón ofreció a Simón, el hermano de Jonatán, el cargo de gobernador de la costa mediterránea desde Egipto hasta Tiro. Este nombramiento proporcionaría a Jonatán muchas oportunidades para consumar sus ambiciones: liberar Yehud, ampliar su territorio y, en particular, añadir aquellas ciudades que le dieran una salida al Mediterráneo. Jonatán, que se había distanciado de Demetrio II por su negativa a renunciar a las dos guarniciones que aún quedaban en Yehud, se unió a Trifón y se convirtió en su aliado.

Junto con su hermano Simón, lanzaron una serie de exitosas campañas que se extendieron desde la llanura costera del sur hasta Galilea y la región de Damasco.

Jonatán también tomó medidas para reforzar su posición diplomática. Envió una embajada a Roma para confirmar y renovar el tratado de amistad entre ambas naciones. También envió una embajada de amistad a los espartanos.

Además, construyó nuevas fortalezas en Yehud. Reforzó y levantó la muralla de Jerusalén y construyó un alto muro entre la Akra de Jerusalén, ocupada por los sirios y el resto de la ciudad, para hacer imposible la interferencia desde la Akra.

Trifón no podía permitir que el aumento de poder de Jonatán quedara impune.

Comandando un reducido ejército, Trifón se encontró en Escitópolis con Jonatán, quien lideraba un contingente militar de 40.000 efectivos. Con el objetivo de mitigar cualquier sospecha por parte de Jonatán, Trifón le otorgó una considerable cantidad de honores e insistió en que su robusto contingente militar era superfluo, dada la relación de amistad. Exhortó a Jonatán a dispersar sus fuerzas y retornar a los hombres a sus hogares, al tiempo que se ofreció a acompañarlo a Tolemaida.

Aunque Tolemaida estaba fuera de las fronteras de Yehud, esta había sido entregada a Jonatán por Demetrio I. Trifón prometió reconocer a Jonatán como propietario oficial de la ciudad y también regalarle toda la costa desde Tolemaida hasta Jaffa. La oferta era irresistible.

Jonatán despidió a su ejército, reteniendo solo una pequeña tropa, y acompañó a Trifón a Tolemaida. Cuando Jonatán y su séquito entraron en la ciudad, fueron detenidos; los soldados fueron asesinados, y Jonatán fue tomado prisionero.

Trifón partió de Tolemaida acompañado de un contingente militar con el propósito de invadir Yehud, llevando consigo a Jonatán como rehén. Simón salió a su encuentro acampando en Adida, a unos 6 kilómetros al noreste de Lida.

Trifón le dijo a Simón que no le guardaba rencor ni a él ni a su hermano Jonatán. Explicó que tenía a Jonatán como rehén solo porque este no había pagado al tesoro real lo debido por el cargo que ocupaba. Dijo que si Simón le enviaba 100 talentos de plata y dos de los hijos de Jonatán como rehenes, liberaría a su hermano.

Para no ser acusado de haber provocado la muerte de Jonatán, Simón envió el dinero y a sus dos sobrinos, hijos de Jonatán. Aunque se cumplieron las exigencias, Jonatán no fue liberado.

Viendo la fuerte posición del ejército de Simón en Adida, Trifón decidió no atacar y marchó hacia Jerusalén. Debido a una nevada inusualmente intensa, los caminos se volvieron peligrosos, especialmente para la caballería. Trifón abandonó su marcha contra la ciudad y se desvió hacia el sur, dirigiéndose al extremo del Mar Muerto y desde allí al este del Jordán hasta Galaad. Allí hizo ejecutar a Jonatán y regresó a Siria.

Dieciocho años después de que su hermano Judá hubiera caído en batalla, Jonatán fue asesinado a traición.

Cuando Judá Macabeo murió, apenas había un ejército del que hablar. Había guerrilleros y fanáticos dispuestos a sacrificar sus vidas por sus creencias; Jonatán logró formar un ejército regular. Era más que un gran organizador; era un excelente estadista. Supo utilizar la debilidad del imperio seléucida en beneficio de Yehud. Tomó partido en las guerras civiles sirias para mejorar la posición de Yehud y la suya propia como líder.[81]

$$\bullet \; \bullet \; \bullet$$

[81] ZEITLIN, SOLOMON: *The Rise and Fall of the Judaean State: A Political, Social and Religious History of the Second Commonwealth,* Vol. I, p. 142

Tras la muerte de Jonatán, de los cinco hijos de Matatías solo quedó Simón, quien ahora asumió la dirección del movimiento macabeo.

Simón enterró a su hermano Jonatán junto a sus padres y sus cuatro hermanos en la ciudad de Modi'in. Más tarde les construyó un sepulcro común y levantó siete pirámides en memoria de todos ellos.

En el primer año de su reinado, Simón llevó a cabo negociaciones con Demetrio II Nicator, rey de Siria, quien reconoció oficialmente la libertad de Judea, aclamando a Simón «Sumo Sacerdote y Amigo de los Reyes» y concediéndole la exención de impuestos y el derecho a mantener fortalezas.

La Gran Asamblea, congregada en Jerusalén dos años después, reconoció a los asmoneos como dinastía de etnarcas, sumos sacerdotes y jefes militares en Yehud.

1 Macabeos declaró así que, *Israel se vio libre del yugo de los paganos'.* [82]

El sumo sacerdocio que había sido hereditario y confinado a la familia de Sadoc durante muchos siglos se concedía ahora a Simón hasta que un «verdadero profeta apareciera en Israel». [83]

Simón, sin embargo, no pertenecía a la familia de Sadoc, por lo que la Gran Sinagoga concedió el sumo sacerdocio y el liderazgo de los judíos a alguien que no pertenecía a la línea hereditaria. La antigua aristocracia helenizante, que había tenido el control de la tierra y del Templo hasta 168 a.e.c., dio ahora paso a la casa asmonea.

Se iniciaba una nueva era, marcada por una cronología que comenzaba con el primer año de Simón. Los documentos y los

---

[82] *1 Mac.* 13: 41- 42
[83] *1 Mac.* 14: 41-47

contratos ahora se encabezaban: «En el año uno de Simón, gran sumo sacerdote, comisionado militar y líder de los judíos».

Con el respaldo de la población y una calma transitoria, Simón estaba en condiciones de proseguir con las iniciativas de su hermano para influir en la independencia del estado mediante la construcción de fortificaciones y almacenando alimentos en caso de una guerra prolongada.

Su influencia se incrementó al conquistar la crítica ciudad de Gezer, situada en el cruce entre Jaffa y Jerusalén, expulsando a los residentes paganos y estableciendo una guarnición judía en la ciudad bajo el mando de su hijo Yohanan.

Al mismo tiempo, demostró sus dotes de estadista con su hábil diplomacia para salvaguardar la soberanía de Yehud, renovando las relaciones con Esparta y concluyendo una alianza política con los romanos.

El 23 de Iyar, en la primavera de 142 a.e.c, los hombres de Simón entraron en el Akra, el último bastión de los helenizantes y sus partidarios sirios, cantando himnos a Dios y portando ramas de palma en señal de victoria.

Sin embargo, los seléucidas no habían renunciado a sus pretensiones.

Demetrio II Nicator emprendió una expedición en el este, en la que cayó prisionero en manos de los partos. A continuación, en 138 a.e.c.., su hermano Antíoco VII Sidetes, se hizo con el trono en Antioquía y derrotó, en Dora, al usurpador Diodoto Trifón.

El nuevo rey sirio se opuso al estatus independiente de Yehud y se enfureció especialmente por el intento de Simón de ampliar las fronteras del país. Le exigió la devolución a Siria de las ciudades de Jaffa y Gezer, así como de la fortaleza de Akra, o el pago de una suma de dinero a cambio de ellas.

Simón replicó afirmando: "No hemos ocupado territorio ajeno, ni nos hemos apoderado de cosas ajenas, sino de la herencia que nos dejaron nuestros antepasados, de la que en algún tiempo se habían apoderado injustamente nuestros enemigos" (1 Mac.15:33)

En resumen, al rechazar las demandas de Sidetes, Simón manifestó el derecho de los asmoneos a gobernar todo Yehud.

Cuando Simón ofreció sólo cien talentos por Jaffa y Gezer, la respuesta de Antíoco VII Sidetes fue nombrar al general Cendebeo comandante del distrito costero, con órdenes de invadir Yehud. Simón, que era demasiado viejo para dirigir batallas, envió a sus hijos Judá y Yohanán a luchar contra Cendebeo. Lo derrotaron con contundencia y quemaron Asdod.

Simón tenía un yerno llamado Tolomeo, que era gobernador de las llanuras de Jericó. Presumiblemente, un judío asimilado ya que se hacía llamar por el nombre tradicional de los reyes egipcios.

En el mes de Shebat, 136 a.e.c., cuando Simón hacía la ronda por el país, visitó Jericó con su esposa y sus dos hijos, Judá y Matatías; Yohanan no estaba con ellos, pues había permanecido en Gézer, que estaba bajo su mando. Tolomeo ofreció a sus invitados un recibimiento hospitalario y los escoltó hasta la fortaleza de Dok, construida por él. Los agasajó y, durante un banquete, mandó matar a Simón y a sus dos hijos.

Judá había muerto sin hijos. De ahí el importante papel de Matatías y Simón como padres de la dinastía asmonea. Simón había servido de padre a los hermanos, quienes habían buscado su consejo.

Había demostrado notables dotes de estadista desde el comienzo de la revuelta hasta el establecimiento del estado libre de Yehud, y ahora el manto recaía sobre el hijo que le quedaba, Yohanan Hircano.

Tras esta pérfida traición, Tolomeo envió una carta a Antíoco pidiendo que le enviaran un ejército para poder anexionarse Siria.

Tolomeo había tomado como rehén a su suegra tras asesinar a su suegro. Cuando Yohanan atacó Dok, Tolomeo puso a la mujer sobre las murallas de Dok y amenazó con arrojarla a la muerte a menos que Yohanan Hircano abandonara el asedio. Yohanan no permitió que su madre muriera y levantó el asedio, apresurándose a ir de inmediato a Jerusalén para impedir el intento de Tolomeo de apoderarse de la capital y dominar el país.

Para vengar la derrota de Cendebeo, antes de sitiar Jerusalén, Antíoco VII Sidetes invadió Yehud en 133 a.e.c.., devastando el país.

Era un año sabático, y comenzó a manifestarse una grave escasez de alimentos y agua. Finalmente, Yohanan se vio obligado a rendirse y pedir la paz.

Los judíos aceptaron todas las condiciones excepto la imposición de una guarnición. No podían soportar la idea de otro Akra. Sin embargo, ofrecieron una compensación sustancial en forma de dinero en efectivo y rehenes, así como la entrega de todas las armas, impuestos para Jopa[84] y todas las demás ciudades fuera de Yehud, además del desmantelamiento de las «coronas» de las murallas.

---

[84] Joppa, en diferentes traducciones de la Biblia en español, hoy en día conocida como Jaffa.

En comparación con las acciones de Antíoco IV Epífanes, las condiciones impuestas por Antíoco VII fueron relativamente moderadas. A pesar de tener el Estado de Yehud a sus pies y teniendo la capacidad de apoderarse de todas sus posesiones, incluida su independencia, Antíoco VII se contentó con estas exigencias comparativamente modestas.

Antíoco VII Sidetes había estado planeando estrategias para recuperar las Tierras Altas de manos de los partos y estaba ansioso por lanzar la campaña en el norte; sin embargo, el asedio de Jerusalén había durado más de lo esperado, lo que le obligó a llegar a un acuerdo con Yohanan Hircano. Una razón adicional para la indulgencia de Antíoco VII pudo haber sido el apoyo romano a Yohanan Hircano. Los romanos, como parte de su acuerdo con Simón, se habían comprometido a defender a los judíos en caso de ataque y el rey sirio no deseaba, sobre todo ahora, despertar el disgusto de los romanos.

Aunque siguió siendo independiente tras la firma del tratado de paz, en la práctica, Yehud era ahora un satélite sirio.

En 133 a.e.c., Sidetes, acompañado de un ejército procedente de Judea, se dispuso a retomar las antiguas tierras seléucidas en el lado este iraní.

La campaña parta fue desastrosa. Antíoco VII Sidetes fue derrotado y casi todo su ejército de 300.000 hombres fue aniquilado. Sidetes murió en la batalla de Ecbatana en 129 a.e.c. Posteriormente, los partos reconquistaron todos los territorios orientales. La dinastía seléucida se fragmentó y finalmente desapareció con la conquista romana de toda Asia Menor.

Yehud volvía a ser libre.

El estado seléucida estaba tan debilitado por el fracaso militar de la campaña parta y la muerte de Antíoco VII, que la demostración de fuerza siria en Judea no había sido más que un breve interludio.

Liberado de la dominación seléucida, Hircano se propuso agrandar su reino a expensas de ese Imperio, que se encontraba en un proceso de desintegración.

Marchando hacia el sur, al este del Jordán, Yohanan Hircano capturó la ciudad de Medeba y se apoderó del país de el-Belka, que bajo David había formado parte del reino de Israel. La ley deuteronómica, que ahora era la constitución básica del país, prohibía la conscripción militar. Sin embargo, siguiendo la práctica del mundo helenístico, donde el gobernante estaba por encima del estado que gobernaba y cuyo poder era independiente de la población, Yohanan importó mercenarios del extranjero para su ejército.

Aunque el rey David había utilizado mercenarios, debido a que esto era parte de la estrategia con la que el mítico rey estaba familiarizado; con Yohanan Hircano, sin embargo, la utilización de mercenarios fue una señal de la falta de apoyo popular.[85]

Según Josefo, el rey asmoneo obtuvo dinero para pagar a su ejército abriendo la tumba del rey David y sacando de ella 300 talentos de plata.

Tras tomar Samaria, invadió la provincia de Idumea (Edom'), colindante con Judea por el sur y territorio que había pertenecido a Yehud hasta el año 598 a.e.c.

Después de someter a todos los idumeos, Yohanan les permitió permanecer en su país en tanto y en cuanto se circuncidaran y estuvieran dispuestos a observar todas las leyes de los judíos. Y así, por apego a la tierra de sus padres, los idumeos se sometieron a la circuncisión y a conformar su modo de vida al de los judíos[86] en todos los demás aspectos.

---

[85] NOTH, MARTIN: *The History of Israel*, p. 386
[86] *Ant.* 13. 9. 1

De esta manera, el constante peligro de ataques sorpresivos que había amenazado a Yehud desde el sur quedó en el pasado.

Una larga tradición judía señala el vigésimo primer día del mes de Kislev, el día en que fue destruido el templo samaritano, como un día propicio según el calendario hebreo, en el que está prohibido ayunar o llorar a los muertos. También la memoria nacional honra la figura de Yohanan Hircano, "el Tito judío," destructor del templo samaritano. Hoy, en Israel, muchas calles llevan con orgullo el nombre del victorioso sacerdote asmoneo.[87]

La victoria asmonea, con la restauración de casi todo el reino davídico, pareció en un principio una solución definitiva y completa a los problemas de la nación judía. La ampliación del territorio nacional y, en particular, el acceso al mar (del cual Yehud carecía en los períodos persa y helenístico) aseguraron el futuro de la nación, también en el aspecto material.[88]

Los gobernantes asmoneos comprendían claramente que un estado no podía sobrevivir si seguía el estilo de vida de una provincia persa diseñado hacia cuatro siglos atrás.

A medida que consolidaban progresivamente su dominio, los asmoneos se alejaban cada vez más de los objetivos originales del movimiento macabeo.

Para entonces, Yohanan Hircano se había helenizado por completo y era objeto de la antipatía del pueblo de Yehud.

Para la gran mayoría del pueblo, las necesidades políticas y militares del estado no eran tan claras como lo eran para los reyes, quienes habían adquirido experiencia en las dificultades de la administración y la guerra.[89]

---

[87] SAND, SHLOMO: *The Invention of the Jewish People*, p. 160
[88] AVI-YONAH, M.: *The Jews under Roman and Byzantine Rule: A Political History of Palestine from the Bar Kokhba War to the Arab Conquest*, p. 5
[89] *ibid.*

Los acontecimientos llevaron necesariamente a un conflicto entre la familia gobernante y los partidos religiosos.

Yohanan invitó a los sabios fariseos (los «separados») — descendientes en línea directa de los jasidim de los primeros días de la revuelta— a un banquete durante el cual les pidió que le expusieran todos los errores y transgresiones que estos veían en él.

Todos lo elogiaron efusivamente, pero uno de los fariseos, llamado Eleazar, se levantó y dijo:

«Si deseas seguir el camino de la rectitud, debes renunciar al sumo sacerdocio y contentarte únicamente con gobernar la nación».

El sumo sacerdocio había perdido su autoridad moral ante el pueblo debido a la política asimilacionista de los miembros de la antigua familia sadoquita, Jasón y Menelao. En los dos siglos que precedieron a la era común, la autoridad religiosa fue transferida de manera gradual y definitiva a la nueva clase de escribas y sabios: los fariseos.

Los fariseos resistieron la apropiación asmonea de la monarquía y el sumo sacerdocio porque no cumplían con los requisitos de la dinastía davídica y aarónica exigidos por la tradición. Se opusieron a ellos también por motivos políticos y socioeconómicos, alegando su indulgencia en la opulencia así como la dureza con la que trataban a sus adversarios.

Josefo afirma que Yohanan estaba en conflicto con los fariseos y los oprimía. Y, después de que Eleazar el Fariseo le dijera que debía renunciar al Sumo Sacerdocio, Hircano se alió con los saduceos. Josefo añade que, inmediatamente después de la división, Hircano abolió todas las leyes que los fariseos habían dado al pueblo.

A pesar de que los fariseos se rebelaron contra él, Yohanan Hircano siguió sirviendo en su puesto de gobernante y sumo sacerdote durante treinta y un años. Murió en el verano del 105 a.e.c.

A su muerte, Hircano dejó un estado que, además del núcleo del país, incluía las ciudades más importantes de la llanura costera al oeste, Samaria al norte, partes de Transjordania al este e Idumea al sur.

La muerte de Yohanan Hircano marca un cambio significativo en la historia de Yehud. Con sus sucesores, lo que había sido una república se convirtió en una monarquía. La dinastía asmonea, que había comenzado liderando una rebelión popular, se convirtió en una casa gobernante autocrática, egoísta y ampliamente despreciada; en resumen, una típica monarquía insignificante de Oriente Medio, con sus intrigas, traiciones y conflictos civiles.[90]

• • •

Yohanan Hircano había dejado formalmente el gobierno del país a su esposa, pero Aristóbulo, su hijo mayor, se apoderó del gobierno, encarceló a su madre y la dejó morir de hambre. También encarceló a sus hermanos, con la excepción de Antígono, quien había sido su compañero de armas y por quien sentía devoción.

Aristóbulo y su hermano Antígono habían conquistado Samaria juntos mientras su padre aún vivía. Sitiaron la ciudad y, cuando los habitantes solicitaron ayuda al imperio seléucida, derrotaron a un ejército liderado por Antíoco IX Ciciceno que había venido a auxiliar a los Samaritanos.

---

[90] ZEITLIN, SOLOMON: *The Rise and Fall of The Judaean State: A Political, Social and Religious History of the Second Commonwealth*, Vol. I. p. 317

Antíoco logró escapar a Escitópolis,[91] pero los hermanos capturaron Samaria hacia el final del reinado de Yohanan Hircano, arrasando la ciudad y esclavizando a sus habitantes.

Posteriormente, sus fuerzas capturaron Escitópolis y toda la región al sur del monte Carmelo.

Ahora, en un intento por judaizar la Galilea, Aristóbulo se enfrentó a la población local de Itureos, cuyo reino se encontraba en Calcis, en el Líbano.

En la época antigua, cuando los griegos y los romanos se apropiaban de una ciudad, procedían a la masacre de todos sus habitantes o a su venta como esclavos. Aristóbulo, adoptando una postura más humana, les ofreció la alternativa de ser expulsados o de permanecer en el territorio bajo condición de que se sometieran a la circuncisión y vivieran conforme a las leyes de los judíos.

No cabe duda de que las significativas diferencias de origen, perspectiva y observancia marcaron durante mucho tiempo la diferencia entre los galileos y sus compatriotas del sur. Sin embargo, grandes cantidades de estos habitantes originales de Galilea se integraron a la creciente población judía, y muchos se convirtieron en judíos devotos.

El territorio anexado por Aristóbulo se extendía desde Bet Sheán[92], al sur, hasta más allá de Giscala, al norte; es decir, la mayor parte de la actual Galilea, sin contar la costa.

Tras derrotar a los itureos y consolidar su poder, Aristóbulo transformó el gobierno de república a monarquía. De hecho, fue el primer asmoneo en reclamar el título de rey.

---

[91] Hoy Beth Shean, situada a 27 kilómetros al sur del Mar de Galilea
[92] Escitópolis

Josefo escribió que Aristóbulo fue el primer judío en establecer una monarquía en "cuatrocientos ochenta y tres años y tres meses" tras el regreso del cautiverio babilónico. Esta acción intensificó el conflicto entre él y los fariseos, quienes eran ferozmente antimonárquicos y en particular repudiaban a un monarca asmoneo.

Durante esta transformación hacia un modelo de gobierno más helenístico, Aristóbulo llevó a término una evolución constante y sostenida que había sido iniciada por su padre, Yohanan Hircano.

"No fue casualidad que Aristóbulo, al igual que sus hermanos, tuviera un nombre griego además de su nombre hebreo (Jehudá) y que Josefo lo llamara explícitamente 'Philhellen' (amigo del griego).[93]

Salomé, su esposa, más tarde conocida como Salomé Alejandra, era consciente del destino que había corrido su suegra y sus cuñados cuando Aristóbulo asumió el poder. Temiendo por su propia seguridad si su cuñado Antígono se convertía en rey, urdió una conspiración para asesinarlo.

Antígono había regresado a Jerusalén del campo de batalla para celebrar la festividad de Sucot en el Templo. Al enterarse de que su hermano, quien padecía de dolores abdominales crónicos, se encontraba enfermo en la fortaleza de Baris, se apresuró a ir a visitarle.

En su deprimente estado, Aristóbulo cayó víctima de la influencia facciosa de su esposa, la reina Salomé Alejandra. El rey fue informado por "hombres malvados" de que su hermano estaba enviando soldados para asesinarlo.

---

[93] *Ant.* XIII, 318.

Aristóbulo, dio órdenes a sus guardias de que, si Antígono pasaba por Cesárea desarmado, le permitieran avanzar, pero si llegaba armado, lo mataran.

La reina cambió el mensaje del rey a Antígono, ordenándole al mensajero que dijera que el rey deseaba que viniera armado. Antígono cumplió con el mensaje. Al pasar por la Torre de Estratón, fue asesinado por los guardias.

Cuando Aristóbulo se enteró del asesinato de su hermano, el remordimiento lo invadió tanto que sufrió una grave hemorragia y falleció.

Aristóbulo I, hijo de Yohanan Hircano, gobernó solo un año.[94]

• • •

La esposa de Aristóbulo, Salomé Alejandra, liberó ahora a los tres hermanos encarcelados del fallecido monarca y designó rey a uno de ellos. Su verdadero nombre era Jonatán, pero le llamaban Jannai, y únicamente empleaba su nombre natal como apellido de un nombre griego, lo que lo convirtió en Alejandro Janneo.

Su padre, Yohanan Hircano, lo había detestado desde la infancia y lo había desterrado a Galilea en su niñez. Persistían en él una inseguridad y un odio muy arraigados, y desconfiaba de la lealtad de todos los habitantes de Yehud, en particular de los intelectuales.[95]

Al asumir el trono, asesinó al mayor de sus hermanos restantes. Esto indicaba que Alejandro Janneo no tenía derecho a suceder a su padre.

---

[94] (104- 103 a.e.c.).

[95] ZEITLIN, SOLOMON: *The Rise and Fall of the Judaean State. A Political, Social and Religious History of the Second Commonwealth*, Vol I, p. 321

Debido a que Aristóbulo murió sin dejar hijos, la ley judía exigía que su viuda contrajera levirato con su hermano, así que Janneo se casó con Salomé Alejandra, su cuñada. Él tenía veintidós años, mientras que ella tenía treinta y siete.

Salomé consiguió así lo que había planeado. No sólo salvó su propia vida y continuó como reina, sino que además obtuvo el poder de elegir a uno de los hermanos como sucesor de su marido.

Durante este período, el mapa político de Asia Menor experimentaba una revisión significativa. Dos fuerzas surgieron en la región este: Armenia, cuyo contingente militar superó a Siria, y el Ponto, que durante un período de tiempo emergió como un poder considerable.

Simultáneamente, desde el sur, los nabateos se erigieron como una comunidad significativa, mientras que Roma incrementaba su presencia en África y Asia.

Janneo comprendía que las monarquías seléucidas de Siria se estaban desmoronando y que el momento ideal había llegado para que Yehud se lanzara a la conquista y se erigiese en un poderoso Estado en Asia Menor.

En esta época, Judea sólo poseía un puerto, Jaffa. Tolemaida y la Torre de Estratón (Cesárea), importantes puertos en el Mediterráneo, estaban fuera de Yehud.

Tras consolidar su dominio, Janneo Alejandro atacó Tolemaida.[96] Esta ciudad era una elección lógica para el inicio de las conquistas de Judea, no sólo porque era un puerto importante, sino también por su gran población y su playa de arena, que proporcionaba material para los fabricantes de vidrio. Tolemaida había sido cedida formalmente al Templo por

---

[96] La Akko biblica

Demetrio I, dándole a Alejandro Janneo motivos para reclamarla.

Los ciudadanos de Tolemaida decidieron pedir ayuda a Egipto. Sin embargo, no recurrieron a Cleopatra III, que reinaba en Egipto, sino a su hijo Ptolomeo, que gobernaba en Chipre.

Cuando Ptolomeo llegó con un ejército, Alejandro Janneo se retiró a Yehud. Propuso una alianza amistosa con Ptolomeo, pero al no tener fe en la amistad profesada y no estar seguro de los beneficios de la alianza, solicitó en secreto la ayuda de Cleopatra III contra su hijo. Cuando Ptolomeo descubrió que Alejandro Janneo había pedido ayuda a su madre, resolvió lanzar la guerra contra Yehud.

Ptolomeo atacó repentinamente la ciudad de Asochis, la tomó por asalto y capturó a 10.000 de sus habitantes. A continuación, atacó la ciudad de Séforis. Al enterarse de que Ptolomeo estaba asolando Galilea, Alejandro Janneo se movilizó con un poderoso ejército para hacerle frente. Los dos se enfrentaron cerca de un lugar llamado Asofón, en la orilla oriental del Jordán. Ambos contendientes estaban dispuestos en lados opuestos del río.

Cuando los hombres de Ptolomeo comenzaron a cruzar, Alejandro Janneo no obstaculizó esta maniobra, pensando que sería más fácil destruirlos si el río quedaba a sus espaldas. Esta estrategia, sin embargo, resultó desastrosa. Al principio, el ejército de Alejandro Janneo llevó la ventaja, pero más tarde, gracias a una hábil maniobra de los generales de Ptolomeo, el ejército del rey asmoneo se vio obligado a huir.

El ejército de Ptolomeo lo persiguió e hirió a los judíos «hasta que sus espadas se desafilaron con la matanza y sus manos se cansaron por completo». Alejandro Janneo ya no era una fuerza a tener en cuenta.

Ptolomeo capturó muchas ciudades. Ordenó a los soldados que degollaran a las mujeres y a los niños, que cortaran sus cuerpos en pedazos y los arrojaran a calderos hirviendo, y que probaran el contenido. Esto se hizo para que los que lograran escapar dijeran a sus compañeros que el enemigo era caníbal. Así, los judíos estarían demasiado aterrorizados para oponérsele.

Después de que Ptolomeo conquistara Tolemaida y Gaza, su madre, Cleopatra, no podía quedarse de brazos cruzados ante el ascenso al poder de su hijo. Le preocupaba que se aliara con Antíoco IX Ciciceno. Marchó contra él con un ejército dirigido por dos judíos, Quelquías y Ananías, hijos de Onías III, el sumo sacerdote que construyó el templo de Heliópolis.

Cuando el ejército de Cleopatra estaba ocupado asediando Tolemaida, Ptolomeo decidió que era el momento oportuno para marchar contra Egipto porque su madre y su ejército estaban fuera del país. Sin embargo, Cleopatra envió una parte de su ejército, liderado por Chelkias, para oponérsele, obligándole a huir. Chelkias murió durante esta batalla.

Cleopatra capturó Tolemaida y como resultado de su victoria, se convirtió en la señora de toda Coele-Siria. Algunos de sus consejeros le aconsejaron que anexionara Yehud, pero Ananías, su comandante en jefe, la persuadió de que no lo hiciera. Sostuvo que no sólo sería una injusticia para los habitantes de Yehud, sino que también enemistaría a los judíos de Egipto. Estos, habían sido sus aliados incondicionales en la lucha contra su hijo. Cleopatra siguió su consejo y regresó a Egipto sin anexar Yehud.

El joven estado de Yehud había estado a punto de ser destruido. Todos los sacrificios y luchas de los asmoneos para establecerlo como estado independiente habrían quedado en nada si Cleopatra hubiera considerado oportuno actuar. Pero, Yehud se salvó gracias a la influencia de los judaizantes en la corte egipcia, quienes ayudaron a disuadir a Cleopatra. El Estado fue salvado por sus correligionarios de la diáspora».[97]

Con Ptolomeo fuera de Yehud, Alejandro Janneo se sintió de nuevo lo bastante libre para continuar su política de conquista. Cruzó el Jordán y, tras diez meses de asedio, tomó Gadara, situada al este de la confluencia de los ríos Yarmuk y Jordán.

A continuación, tomó la ciudad de Amatus. La victoria le costó cara, pues murieron 10.000 hombres de su ejército. No obstante, marchó hacia el oeste y sitió Raphia, a unos treinta y dos kilómetros al suroeste de Gaza, en la frontera con Egipto. Luego de capturar Raphia, hizo lo mismo con la ciudad de Antedón, situada al norte de Gaza.

Gaza era un punto importante en la ruta costera de las caravanas, ya que estaba situada a unos tres kilómetros y medio del Mediterráneo. Tras haber conquistado el territorio situado al sur y al norte de Gaza, Alejandro Janneo decidió tomar la franja costera.

El asedio duró un año, pero el final no se hizo esperar. Al principio, su ejército se comportó con moderación. Sin embargo, sus ansias de venganza eran intensas, debido a las penurias sufridas durante el largo asedio. Alejandro Janneo liberó entonces a sus fuerzas y se produjo una sangrienta masacre. Los concejales de la ciudad, 500 en número, se refugiaron en el templo de Apolo. Pero los hombres de Alejandro Janneo cayeron allí sobre ellos y fueron asesinados cuando su templo fue quemado sobre los concejales.

Dentro de Yehud, saduceos y fariseos, que ahora se habían convertido en partidos políticos, luchaban entre sí por motivos políticos.

---

97 ZEITLIN, SOLOMON: The Rise and Fall of the Judaean State. A Political, Social and Religious History of the Second Commonwealth, Vol I, p. 323- 325

Los saduceos abogaban por la expansión, la incorporación de otras comunidades helenísticas y la coacción de sus gentes para que aceptaran la religión judaica.

Por otro lado, Alejandro Janneo hacía frente a una fuerte oposición farisea convencida de que había convertido a Yehud en un reino secular.

Lo consideraban un gobernante helenístico que era judío solo por nacimiento. Se oponían a la expansión y a la integración de pueblos extranjeros, temiendo que la asimilación de comunidades helenísticas diluyera la religión judaica. Los fariseos, sin duda, apoyaban el proselitismo, pero sólo a través de la propaganda y la educación, no por la fuerza.

Adicionalmente, albergaban el temor de que la conquista de nuevos territorios habitados por sirios y griegos pudiera desmoralizar a los judíos. Las guerras también demandaban la contratación de mercenarios, lo que se traducía en elevadas cargas tributarias para la población.

El conflicto entre los fariseos y Alejandro Janneo llevó a que los fariseos se rebelaran abiertamente, y que el rey cometiera atrocidades y actos brutales en venganza. El monarca asmoneo veía a los fariseos no sólo como enemigos personales, sino también como traidores a la causa de la expansión y el desarrollo de Yehud como estado fuerte capaz de resistir ataques.

Estas diferentes posiciones desencadenaron una contienda que germinó las semillas de las guerras civiles en Yehud, culminando en la aniquilación de la Segunda Mancomunidad Judía.

En el transcurso de una celebración de la fiesta de Sucot, sus adversarios entre los judíos empezaron a decirles maldiciones y a arrojarle *etrogim.98* El desenlace fue que seis mil judíos fueron ejecutados.[99]

Alejandro Janneo siempre había desconfiado del pueblo. Ahora que había una ruptura abierta entre él y ellos, no permitía que la gente estuviera cerca de él en el Templo. Hizo erigir una barrera alrededor del altar y, además, otra alrededor de la parte del Templo donde sólo se permitía la entrada a los sacerdotes; de este modo, estaba doblemente aislado del pueblo mientras se encontraba en el lugar sagrado de Yehud.

A medida que la guerra civil se hacía más intensa, la oposición pidió ayuda a Demetrio III (Eukairos).

La invitación de los fariseos a un rey sirio —sobrino nieto de Antíoco Epífanes- para que invadiera su país cruzó todos los límites.

Demetrio III se encontraba inmerso en un conflicto con su hermano Filipo por la corona siria, mientras que Antíoco X, descendiente directo de Antíoco Ciceo, también se encontraba en competencia por el mismo reino. Con Demetrio III aún enfrascado en la contienda por el control de Siria, los fariseos estaban convencidos de que este no podría forjar una posición sólida en Judea.

Los judíos que habían invitado a Demetrio III a ayudarles contra Alejandro Janneo eran aquellos que aún se oponían a una república, que creían en una forma teocrática de comunidad, y que estaban dispuestos a vivir bajo dominación política extranjera, siempre y cuando tuvieran libertad religiosa como la que sus antepasados habían tenido durante siglos bajo los persas y más tarde bajo los Ptolomeos.

---

[98] Limones, la fruta cítrica característica de la festividad
[99] *Guerra* 1.89; *Ant.* 13. 372- 373

Demetrio III y su ejército aceptaron la invitación con entusiasmo. Acompañados por una multitud de judíos, acamparon cerca de la ciudad de Siquem. Alejandro Janneo y su ejército, formado por mercenarios y unos 20.000 judaizantes, salieron a su encuentro. Para evitar un ataque de los nabateos desde el este, el monarca asmoneo cedió grandes territorios, que había conquistado previamente en Moab y Galaaditis. La consecuencia fue la de una profunda humillación para el asmoneo, ya que estos territorios eran cruciales para la defensa de Yehud.

La batalla fue decisiva. Demetrio III salió victorioso. Janneo perdió su ejército y huyó a las montañas en busca de seguridad.

Demetrio III, presionado por el avance de su hermano Filipo en Siria, también tuvo que retirarse. Muchos judíos, sin embargo, continuaron luchando contra Alejandro Janneo incluso después de que Demetrio III se hubiera marchado a Siria. En estas batallas muchos de ellos encontraron la muerte. Sus líderes se refugiaron en la ciudad de Betoma a dieciséis kilómetros al noreste de Samaria, donde fueron asediados por el monarca asmoneo, capturados y llevados de vuelta a Jerusalén.

Janneo, que por naturaleza estaba repleto de odio, poseía un intenso deseo de vengarse de sus víctimas. Imbuido de una ira innata, sentía una sed insaciable de revancha hacia sus víctimas. La tortura de sus adversarios le brindaba una profunda euforia. Observar la tortura de sus enemigos le producía una extraordinaria satisfacción personal. Cuando sus víctimas, en número de 800, fueron llevadas a Yehud, ordenó su crucifixión, y mientras las víctimas aún estaban vivas, hizo que mataran a sus esposas e hijos ante sus ojos. Observaba este bárbaro procedimiento mientras comía y bebía con sus concubinas.

La guerra civil, durante la cual murieron 50.000 judíos, duró seis años. Tras su victoria sobre los fariseos, 8.000 de ellos huyeron del país para ponerse a salvo fuera de las fronteras de Judea.

Alejandro Janneo ya no tenía oposición. Contaba con la lealtad del ejército, formado en su mayoría por mercenarios, la devoción de la cúpula de la casta militar, así como de los saduceos.

En los tres últimos años de su vida, Alejandro Janneo enfermó de fiebre cuartana. También se hizo adicto a la bebida, probablemente para aliviar sus sufrimientos físicos y mentales. Murió mientras sitiaba Ragaba al otro lado del Jordán. Su esposa, Salomé, estaba con él en su campamento.

Alejandro Janneo reinó veintisiete años y murió a la edad de cuarenta y nueve en el año 76 a.e.c.

Según Josefo, hacia el final de su reinado, los dominios de los «judíos» abarcaban más o menos los territorios de los antiguos reinos de Judá e Israel sobre los que habían gobernado David y Salomón, y también la antigua tierra de los filisteos y la ruta costera hacia Egipto.[100]

Dejó dos hijos -Hircano II y Aristóbulo II-, pero en su lecho de muerte no les confió el gobierno a ellos, sino a su esposa, Salomé Alejandra.

Para salvaguardar su trono y sus descendientes, el monarca le había sugerido que ocultara su partida hasta que la fortaleza de Ragaba fuera capturada. Una vez logrado esto, debía envolver a los fariseos y concederles poderes específicos para que se predispusieran positivamente hacia ella.[101]

La reina había puesto a Janneo en el poder y le había sobrevivido. Parece que se coronó a sí misma, dado que su hijo mayor, Hircano II, debería haber asumido la posición de su padre.

---

[100] *Ant. Iud.* XIII, 15, 4.
[101] *Ant.* 13.15.5. El testamento de Jannaeus a su esposa Salomé se encuentra en el Talmud en una versión diferente pero complementaria. (*Sota* 22).

Su asunción al trono habría sido inimaginable en una sociedad que despreciaba a las mujeres. Sería una de las tres únicas mujeres[102] que gobernarían Israel, lo que establecería su reinado como un capítulo de gran relevancia en los anales del liderazgo judío.

Salomé cumplió la petición de su difunto esposo y, durante sus conversaciones con los líderes fariseos, les brindó las garantías necesarias para que aceptaran tratar los restos de Alejandro con el respeto que le correspondía en su condición de rey.

Todas las leyes de los fariseos fueron restablecidas, consolidando su estatus como la élite del poder en Yehud.

La tradición cuenta que Salomé Alejandra era hermana de Simón ben Shetah[103], líder de los fariseos y cabeza del Sanedrín.

> *"Poco a poco estos fariseos se insinuaron astutamente en su favor y se convirtieron en los verdaderos administradores de los asuntos públicos: desterraban y reducían a quien querían; ataban y desataban a su antojo;"[104]*

El aspecto más significativo de su reinado fue, de hecho, su cambio radical en la política interior, como lo atestigua el acuerdo que firmó con los fariseos. Por esta razón, en la tradición judía se la llama «Shlomtzion»[105], su nombre hebreo, en lugar de su nombre griego, Salomé Alejandra.

---

[102] Las otras dos son Débora, la cuarta jueza del Israel premonárquico, y Atalía, hija del rey Acab y la reina Jezabel de Israel (841-835 a.e.c.)
[103] *Ber* 48
[104] *Guerra*: Libro 1/Capítulo 5. 2
[105] "Paz de Sión"

"El fariseísmo tradicionalmente enfatizaba la humildad y el perdón de las ofensas. Sin embargo, durante las guerras civiles, una facción significativa de los fariseos se movilizó políticamente y adoptó la práctica de la venganza contra sus adversarios. Persuadieron a la reina Salomé Alejandra para que eliminara a todos los que habían ayudado a Alejandro Janneo en la crucifixión de los 800 fariseos rebeldes y para que procesara a cualquiera que lo hubiera ayudado en su persecución. Posteriormente, esta facción también orquestó la caída de Diógenes, líder de los saduceos."[106]

Tras nombrar a su hijo mayor, Hircano II, Sumo Sacerdote, Salomé dejó el mando del ejército en manos de su hijo menor, Aristóbulo II.

Pronto surgió una resistencia abierta entre la nobleza. Una delegación de saduceos, entre ellos Aristóbulo II, confrontó a la reina por la persecución de los saduceos, quienes habían sido leales aliados de su difunto esposo y lo habían apoyado en momentos de peligro.

Aristóbulo II logró la suspensión de los excesos farisaicos, lo que resultó en un alivio temporal del conflicto armado entre las dos facciones rivales.

La reina accedió a la solicitud de los saduceos del derecho a vivir fuera de Jerusalén. Accedió a este acuerdo y les asignó la tarea de custodiar varias fortalezas.

Eventualmente, esta decisión se convertiría en un grave error político. La reina finalmente no pudo impedir que Aristóbulo II,

---

[106] *Ant.*13.16, 2

con la ayuda de los saduceos, se apoderara de las fortalezas más importantes. Esta maniobra le proporcionó una ventaja significativa en la inminente lucha de poder contra su hermano Hircano.

Cuando Alejandra se enfermó, Aristóbulo II se aprovechó de la oportunidad para apoderarse de todas las fortalezas. Además, empleó los fondos que halló en ellas para reclutar mercenarios y proclamarse rey.

Antes de poder castigar a Aristóbulo por desheredar a su hermano, Salomé Alejandra murió a los setenta y tres años.[107] Fue la última gobernante de Yehud que murió en el trono de un reino independiente.

Su reinado de nueve años ha sido descrito como una «época de oro» en la historia asmonea.

> *"En general, consiguió mantener el estado asmoneo unido." Su gobierno se caracterizó por paz tanto interna como externa; incrementó su fuerza militar un cincuenta por ciento y procuró un considerable contingente de tropas extranjeras, hasta que su propia nación se transformó no solo en una poderosa potencia en su territorio, sino también en una fuerza amenazante para otros soberanos. Mientras ella gobernaba a otras naciones, los fariseos la gobernaban a ella."[108]*

· · ·

---

[107] 67 a.e.c.
[108] *Guerra* I, 5. 2

Como era de esperar, inmediatamente después de su muerte, estalló una guerra civil entre sus dos hijos, Aristóbulo II e Hircano II.

Como hermano mayor, Hircano II poseía el derecho al trono y tomó las riendas de la realeza, después de haber servido como sumo sacerdote desde el inicio del reinado de su madre, Salomé Alejandra. No obstante, su mandato fue breve, de tan solo tres meses. Aristóbulo II, su hermano menor, reunió un ejército y al final derrotó a Hircano II en una batalla decisiva cerca de Jericó.

Tras esta derrota, Hircano buscó refugio en Baris, una fortaleza construida por los asmoneos ubicada en una altura al noroeste del recinto del Templo. En un esfuerzo por estabilizar la situación, Hircano tomó como rehenes a la esposa y los hijos de Aristóbulo. Antes de que la situación se agravara, los dos hermanos llegaron a un acuerdo: Hircano dimitiría y Aristóbulo ascendería al trono, mientras que Hircano conservaría todas las dignidades correspondientes al hermano del rey.

> *"Luego se reconciliaron entre sí en el Templo, y se abrazaron de una manera muy amable mientras la gente estaba congregada a su alrededor."*[109]

Esto, sin embargo, no significó el cese de la lucha interna por el poder.

Como escribe Solomon Zeitlin: «En el mundo helenístico, el hermano de un rey era una persona trágica y siempre se encontraba en una posición precaria. Si no reclutaba un ejército para luchar contra su hermano y tomaba el poder, el rey lo mataba para eliminarlo como pretendiente. Solo si el hermano

---

[109] *Guerra* I, 6.

era débil o imbécil podía esperar vivir en paz. Hircano se encontraba en esta última categoría».[110]

Hircano II tenía un acaudalado amigo y consejero idumeo llamado Antípatro. Su padre (conocido también como Antípatro) se había desempeñado como comandante local[111] bajo las órdenes de Alejandro Janeo, título heredado por su hijo, quien evidentemente quería mantener y expandir su poder apoyando a Hircano.

Ya sea por su amistad con Hircano II, o porque era descendiente de prosélitos y creía que los saduceos (el partido que apoyaba a Aristóbulo) no le permitirían gobernar Yehud, Antípatro odiaba a Aristóbulo II.

El idumeo se disponía a convencer a Hircano II de que su vida corría peligro porque Aristóbulo conspiraba contra él. Le suplicó que huyera ante el rey Aretas en Petra y solicitara el apoyo del rey nabateo contra su hermano.

Tras llegar a un acuerdo exitoso en Nabatea, Antípatro e Hircano huyeron de Jerusalén por la noche y se dirigieron a Petra.

El precio a pagar al rey extranjero, enemigo natural del reino asmoneo, a cambio de su ayuda para derrocar a Aristóbulo II fue la entrega de una extensa zona adquirida durante el proceso de restauración del reino israelita, similar al modelo del reino de David. Esto incluía varias ciudades en la orilla oriental del Mar Muerto, en el antiguo territorio moabita, que Alejandro Janeo había arrebatado a los nabateos.

Hircano II prometió cumplir esta condición. Aretas marchó entonces a Yehud con un ejército de 50.000 hombres de caballería e infantería y derrotó a las fuerzas de Aristóbulo en

---

[110] ZEITLIN, SOLOMON: *The Rise and Fall of the Judaean State. A Political, Social and Religious History of the Second Commonwealth*, Vol I, p. 344
[111] Strategos

una batalla. Aristóbulo se vio obligado a huir a Jerusalén para defenderse en el complejo fortificado del Templo.

El rey nabateo, junto con los judíos de Hircano II, sitió entonces el Templo. Quienes luchaban por Hircano estaban facilitando indirectamente el dominio extranjero.

Para entonces, los romanos estaban cada vez más preocupados por la constante fuente de inestabilidad en Siria bajo el dominio seléucida. En el año 63 a.e.c., Pompeyo, quien se había propuesto reconstruir el Oriente helenístico mediante la creación de nuevos reinos clientes y el establecimiento de provincias, convirtió a Siria en una provincia romana.

Cuando el general romano llegó a Damasco, le esperaban delegaciones de los dos hermanos y una tercera del propio pueblo, pidiendo la abolición de la realeza y la restauración de la antigua constitución sacerdotal. Afirmaban que la costumbre de su país era obedecer a los sacerdotes, y que, aunque los hermanos eran descendientes de sacerdotes, habían cambiado la forma de gobierno y esclavizado al pueblo. Estaban dispuestos a vivir bajo un gobierno extranjero, como lo habían hecho sus antepasados bajo Persia, los Ptolomeos y los Seléucidas[112], siempre que el gobierno no interfiriera en sus prácticas religiosas.

Antípatro, un político astuto, reunió a más de mil judíos reputados de Jerusalén que testificaron ante Pompeyo su apoyo a Hircano. Aristóbulo, al presentar su caso, sostuvo que Hircano no era apto para el cargo de rey. Esto lo impulsó a asumir el poder; de lo contrario, se habría desatado la anarquía en el país. Aristóbulo, vestido como un rey, presentó a Pompeyo a jóvenes ricamente vestidos como testigos para que dieran fe de la veracidad de su declaración.

---

[112] *Ant.* 14.3.2

El general romano se presentó no solo como árbitro entre los hermanos en disputa, sino también entre ellos y «la nación», o mejor dicho, sus líderes farisaicos.[113] Dudó en tomar una decisión (supuestamente con la esperanza de que cada bando pagara sobornos mayores), pero permitió que Aristóbulo lo acompañara en la expedición contra los nabateos que asediaban Jerusalén.

De repente, Aristóbulo se separó de él y huyó a la fortaleza de Alejandría; Se vio obligado a entregar la fortaleza, pero logró escapar a Jerusalén. Cuando Pompeyo se presentó ante la ciudad, Aristóbulo se desanimó; se retiró al campamento romano y se ofreció a liberar la ciudad.

Cuando Gabinio fue enviado a tomar la ciudad, las puertas le cerraron las narices. Pompeyo, enfurecido, ordenó avanzar hacia las murallas. Aunque Aristóbulo fue hecho prisionero, sus seguidores dentro de la ciudad estaban decididos a defenderse hasta el final. Se atrincheraron tras los fuertes del templo.

El asedio duró tres meses. Finalmente, se abrió una brecha en las murallas. Los soldados romanos entraron y se produjo una terrible masacre. Doce mil judíos perdieron la vida.

> *"Pompeyo y sus acompañantes entraron en el templo, donde solo el sumo sacerdote podía entrar, y vieron lo que allí se guardaba: el candelabro con sus lámparas, la mesa, los vasos para servir y los incensarios, todo hecho completamente de oro, así como una gran cantidad de especias amontonadas, junto con dos mil talentos de dinero sagrado. Sin embargo, no tocó ese dinero ni nada de lo que allí se guardaba; pero al día siguiente de haberlo tomado, ordenó a los ministros del templo que lo*

---

[113] *Ant.* XIV, 3, 3. 41

purificaran y ofrecieran sus sacrificios habituales. Además, nombró a Hircano sumo sacerdote, [...]"[114]

Aunque Pompeyo entró en el Sanctasanctórum, no saqueó ni dañó el templo. Pero el reino asmoneo había llegado a su fin.[115]

Roma intentó gobernar a través de la élite gobernante cuando interfirió por primera vez en los asuntos de la provincia; así, Pompeyo dejó a Hircano II al mando de Yehud.

La anexión de Pompeyo puso fin a la independencia del estado asmoneo. Aunque los romanos habían abolido la monarquía, los asmoneos continuaron durante tres décadas más como sumos sacerdotes —bajo el título de «etnarcas»—, pero ya no ostentaban poder político.[116]

Así, las intervenciones romanas marcaron un punto de inflexión en la historia de Yehud, reduciendo su autonomía y sometiéndola a una creciente influencia romana.

Si los asmoneos hubieran emprendido una iniciativa concertada y bien coordinada, podrían haber recuperado un poder considerable —aunque aún bajo la supervisión romana—, distanciándose potencialmente de la influencia de Antípatro y sus hijos. Antípatro aprovechó la oportunidad y colocó estratégicamente a sus dos hijos en puestos clave de gobierno: el mayor, Fasael, como gobernador de Judea, y Herodes como gobernador de Galilea. Ambos demostraron ser administradores capaces, enérgicos y celosos, consolidando eficazmente la influencia y la autoridad de su familia sobre la región.

---

[114] *Guerra:* Libro 1/Chapítulo 7. 7.
[115] GRABBE, LESTER, L: *An Introduction to First Century Judaism: Jewish Religion and History in the Second Temple Period*, p. 14
[116] AKENSON, DONALD, HARMAN: *Surpassing Wonder: The Invention of the Bible and the Talmuds*, p. 115

Con la caída de los asmoneos, el último reino judío independiente llegó a su fin. Su desaparición se vio influenciada tanto por divisiones internas como por adversarios externos. El fracaso de los asmoneos en mantener su imperio durante más de ochenta años puede atribuirse en gran medida a su incapacidad para establecerse como líderes legítimos y universalmente reconocidos, lo que en última instancia contribuyó a su caída.

La Tercera Mancomunidad Judía

Comunidades judías han habitado la Tierra de Israel durante siglos, soportando una prolongada sucesión de ocupaciones extranjeras. Bizantinos, árabes, turcos seléucidas, cruzados, mamelucos y turcos otomanos se encontraban entre estos ocupantes, quienes reprimieron y perturbaron la vida judía.

A pesar de esta tumultuosa historia, los descendientes de judíos exiliados han emigrado a Israel constantemente a lo largo de los siglos, manteniendo una conexión persistente con su patria ancestral. Sin embargo, no fue hasta la llegada de Theodor Herzl[117] y el surgimiento del movimiento sionista que comenzó seriamente un esfuerzo estructurado y organizado para reconstruir un estado judío verdaderamente digno de su nombre. La visión de Herzl impulsó a las comunidades judías de todo el mundo, fomentando un renovado sentido de identidad y propósito entre quienes buscaban reconstruir su nación soberana en la tierra de sus recuerdos.

El movimiento sionista movilizó recursos, abogó por el reconocimiento político y alentó la inmigración judía a lo que las potencias extranjeras denominaron Palestina, lo que culminó con el establecimiento del Estado de Israel en 1948. Este momento crucial marcó no solo la realización de una aspiración de larga data, sino también el comienzo de un nuevo capítulo en la historia judía, caracterizado tanto por profundos desafíos como por logros notables.

En octubre de 1914, Turquía entró en la guerra del lado de Alemania. Un año después, un intento fallido de Turquía de atacar los puestos británicos a lo largo del Canal de Suez impulsó a las Fuerzas de Su Majestad a reconocer la tierra de

---

[117] 1860- 1904

Yehud como un activo estratégico. Este territorio no solo era un paso crucial hacia el Canal de Suez; también constituía una parte integral de la ruta terrestre hacia la India, que atravesaba Egipto, Transjordania, Irak y el Golfo Pérsico. La India era considerada la joya de la corona del Imperio Británico y, por lo tanto, el control de estas rutas se consideraba esencial para los intereses imperiales británicos.

El 11 de diciembre de 1917, en vísperas de la festividad de Janucá, el general británico Sir Edmund Allenby entró en Jerusalén, poniendo fin a más de setecientos años de ocupación musulmana de la tierra de Yehud. Este acontecimiento trascendental no sólo simbolizó un cambio en el control de una ciudad de profundo significado histórico y religioso, sino que también anunció un nuevo capítulo en las aspiraciones del movimiento sionista de una patria judía.

· · ·

"¡Es un varón!", exclamó Mark Sykes, un destacado diplomático británico, al abrir las puertas donde se reunía el gabinete de guerra británico, que daban paso a la antesala donde Chaim Weizmann, el futuro primer presidente de Israel, esperaba ansiosamente.

El "varón" en cuestión era la Declaración Balfour[118], el pronunciamiento histórico mediante el cual Gran Bretaña se comprometía a apoyar el establecimiento de una patria judía en la tierra de Yehud.

Balfour fue el reconocimiento, por parte de una de las mayores potencias mundiales, del derecho del pueblo judío a establecer una nación en su tierra ancestral, lo que desencadenó una serie

---

[118] Noviembre 2, 1917

de acontecimientos que finalmente conducirían a la fundación del Estado de Israel.

Bajo el gobierno provisional británico, durante las décadas de 1930 y 1940, la comunidad judía de Yehud se vio dominada por un intenso conflicto interno entre los dos principales movimientos políticos: los socialistas y los revisionistas.

Las luchas internas que desgarraron el movimiento sionista en la era preestatal fueron tan feroces que la milicia clandestina de izquierdas, el Palmaj secuestró en una ocasión a miembros del Irgún, un grupo clandestino de derechas, y los entregó a los ocupantes británicos. En 1948, durante la Guerra de Independencia de Israel, el primer ministro laborista David Ben-Gurion ordenó a las Fuerzas de Defensa de Israel (FDI) hundir un barco del Irgún cargado con armas y voluntarios judíos frente a las costas de Tel Aviv. A pesar de que el barco ondeaba bandera blanca, 16 miembros judíos del Irgún fueron asesinados.

Los británicos habían entrado inicialmente en Yehud con el objetivo de derrotar a los turcos; sin embargo, permanecieron en la región para evitar que la influencia francesa se consolidara.

Luego, el 14 de mayo de 1948, cedieron abruptamente el control de Yehud, prácticamente cerrando la puerta, dejando a los líderes sionistas a su suerte en las turbulentas aguas de la independencia en medio de sus discordias internas.

$$\bullet \ \bullet \ \bullet$$

A las 4 de la tarde, en una sala del Museo de Tel Aviv, donde se habían colgado recientemente pinturas de «Un judío con un rollo de la ley» de Marc Chagall, «Pogromos» de Maurycy Minkowski, «El exilio» de Shmuel Hirshenberg y un gran retrato de Herzl[119], flanqueado por banderas azules y blancas, David Ben Gurion, entonces primer ministro del Estado de Israel, con sesenta y dos años, leyó en voz alta el «Rollo del Establecimiento del Estado de Israel»[120]

La Declaración de Independencia de Israel estipulaba que se establecería una constitución «a más tardar el 1 de octubre de 1948».

Nunca se cumplió.

El documento que podría haber sanado las divisiones en la sociedad israelí y servido como un componente central de la identidad del Estado seguía siendo imposible; las diferencias de opinión eran tan profundas que la reconciliación parecía inalcanzable.

En la novena sesión del Consejo Provisional del Estado en julio de 1949, Meir David Levinstein habló en nombre del partido jaredí Agudat Israel y declaró que se rechazaría una constitución bajo cualquier circunstancia. «Debe entenderse», dijo, "que una constitución laica será boicoteada por los judíos fieles a la Torá, no sólo en nuestro Estado sino en todas las tierras de la Diáspora.

"Una constitución no se promulga, se concede; la concede el Todopoderoso", añadió Zerah Wahrhaftig, líder de Mizrahi, otro partido religioso ortodoxo.

Sin embargo, los "*datim*"[121] no fueron los únicos que se opusieron a promulgar una constitución para el recién fundado Estado judío. El primer ministro David Ben-Gurion argumentó que sería un error precipitarse encerrándose con una camisa de fuerza legal restrictiva.

---

[119] Padre del sionismo político.
[120] MORRIS, BENNY: 1948: *A History of the First Arab- Israeli War*, p. 178
[121] Apodo dado a los judíos religiosos en el moderno Estado de Israel.

Como explica la historiadora israelí Anita Shapira[122]:

Los legisladores israelíes revisaron el modelo de la Constitución estadounidense, que otorga a la Corte Suprema la facultad de declarar inconstitucionales las leyes aprobadas por el poder legislativo. Para Ben-Gurion, esta autoridad parecía ignorar los deseos de la mayoría democrática y restringir el poder de decisión del gobierno.

Precisamente por la misma razón, los partidos de ambos extremos del espectro político — Mapam (Partido Unido de los Trabajadores) y Herut (libertad), el principal partido de derecha— apoyaron una constitución, ya que esta protegería los derechos individuales y de las minorías frente al poder coercitivo de la mayoría. Temían que, sin una constitución, un gobierno encabezado por Mapai pudiera promulgar leyes perjudiciales para los partidos minoritarios.

• • •

Al día siguiente de la declaración de independencia de Israel, cinco ejércitos, junto con los restos de la Legión Árabe y la Fuerza Fronteriza de Transjordania, se movilizaron para desafiar la existencia del naciente estado. Estas fuerzas incluían contingentes de Egipto, reforzados por una unidad del ejército saudí, así como tropas de Jordania, Líbano, Siria e Irak. Su objetivo colectivo era desestabilizar la identidad estatal de Israel mediante una campaña militar concertada destinada a derrocar el establecimiento de la nueva nación.

La población civil del naciente Estado de Israel, organizada en su totalidad como milicia, se enfrentó a ejércitos árabes profesionales en el norte, centro y sur del país recién independizado. Como en la época macabea, el mismo

---

[122] SHAPIRA, ANITA: *Israel: A History* (Kindle loc. 4087)

compromiso con la vida, el ingenio y la capacidad organizativa de sus planificadores, la fe y el coraje hasta el último escalón de la pirámide social se combinaron para vencer las adversidades y la superioridad numérica. Los ejércitos invasores fueron derrotados.

El 24 de febrero de 1949, Egipto firmó un armisticio con Israel, confirmando el control israelí sobre el Néguev. Un mes después, las fuerzas israelíes se retiraron de la zona ocupada por el Líbano, de conformidad con el acuerdo alcanzado con ese país tras el armisticio egipcio. El 3 de abril de 1949, se alcanzó un armisticio con Jordania, y el 20 de julio de 1949 se alcanzó uno definitivo con Siria.

La Guerra de la Independencia había terminado y el Estado de Israel se estableció dentro de las fronteras delineadas por los acuerdos de armisticio.

Estos acuerdos se concibieron originalmente como pasos preliminares hacia un tratado de paz, que debía firmarse en un plazo de seis meses. Sin embargo, el proceso se prolongó durante varios años, lo que finalmente llevó a la caducidad de los acuerdos.

Todas las propuestas de compromiso para la paz presentadas por los israelíes a lo largo de los años fueron rechazadas categóricamente por las naciones árabes, principalmente porque se negaban a reconocer la legitimidad de la existencia del Estado judío en su patria, en las tierras que los árabes habían ocupado.

· · ·

Siete años después de haber firmado el armisticio con Egipto, Israel entró en guerra de nuevo con su enemigo en el sur en un esfuerzo por frenar las persistentes incursiones de las guerrillas fedayines procedentes de Gaza.

La "Guerra del Sinaí" de 1956 se concibió originalmente como una campaña coordinada que involucraba a las fuerzas británicas y francesas. Ambos países buscaban recuperar el control del Canal de Suez, la vital vía fluvial que había sido nacionalizada por el presidente egipcio Gamal Abdel Nasser.

El panorama geopolítico de la época estaba fuertemente influenciado por la dinámica de la Guerra Fría, y a medida que el conflicto se intensificaba, Estados Unidos ejerció una presión considerable sobre Gran Bretaña y Francia.

Ante la creciente condena internacional y la perspectiva de tensas relaciones con Estados Unidos, las fuerzas británicas y francesas se retiraron del conflicto y se distanciaron rápidamente de las acciones israelíes.

Para febrero de 1957, la situación alcanzó una etapa crítica. Bajo una presión considerable de las autoridades estadounidenses y soviéticas, Israel se vio obligado a retirarse de los territorios que había ocupado y a volver a sus fronteras anteriores a la guerra.

Sin embargo, el recién establecido Estado judío obtuvo una ventaja estratégica de este conflicto: el despliegue de una fuerza de paz de las Naciones Unidas a lo largo de la frontera de Gaza. Esta presencia contribuyó en gran medida al cese de las incursiones fedayines que los habían asolado anteriormente.

· · ·

Diez años después, el presidente egipcio Gamal Abdel Nasser, incumpliendo el acuerdo para mantener desmilitarizado el Sinaí, ordenó la retirada de las fuerzas de paz de las Naciones Unidas de la región y cerró el Estrecho de Tirán, la puerta de entrada vital de Israel al Mar Rojo.

Esta ominosa provocación intensificó las tensiones en toda la región, con Siria, Irak y Jordania preparándose para la guerra.

En respuesta a la amenaza inminente, Israel lanzó un ataque preventivo, motivado únicamente por el deseo urgente de evitar la destrucción.

El ministro de Defensa, Moshe Dayan, se dirigió a los soldados israelíes mientras se preparaban para la batalla:

> *"No tenemos ningún propósito de conquista. Nuestros únicos objetivos son poner fin al intento árabe de conquistar nuestra tierra y suprimir el bloqueo y la beligerancia que se ha desplegado contra nosotros... Somos un pueblo pequeño pero valiente. Deseamos la paz, pero estamos dispuestos a luchar por nuestra tierra y nuestras vidas."*

El general Yitzhak Rabin, jefe de las Fuerzas de Defensa de Israel (FDI), y su personal idearon un plan operativo estratégico para conquistar Gaza y utilizarla como moneda de cambio para persuadir a Egipto de reabrir el Estrecho de Tirán. Se trataba de una estrategia táctica destinada a asegurar las fronteras de Israel y proteger a sus ciudadanos.

El general Israel Tal, comandante de la división blindada, emitió una proclama:

> *"Esta es una batalla que el enemigo deseaba y comenzó; golpearemos al enemigo el doble de fuerte que él nos golpeó. ... Por tercera vez, la daga egipcia se ha blandido contra nosotros. Por tercera vez, el enemigo ha errado en su descabellada ilusión de ver a Israel de rodillas.*

Con sangre, fuego y hierro, esta vez purgaremos esta conspiración de sus corazones... No codiciamos su tierra ni sus propiedades. No hemos venido a destruir su país ni a apoderarnos de él."

Nasser había logrado una cosa: atemorizar a Israel.[123]

A las 7:10 a. m. del lunes 5 de junio de 1967, decenas de aviones de guerra Mirage y Mystères comenzaron a despegar de la base aérea de Tel Nof, cerca de Tel Aviv, con rumbo al sur. Los aviones volaban tan bajo sobre los árboles que parecía como si uno pudiera levantar la mano y tocar sus alas. Durante los siguientes noventa minutos, los aviones despegaron, regresaron y volvieron a despegar.[124]

Durante la mayor parte del día, Nasser estudió los informes transmitidos sobre las "victorias" egipcias. Ninguno de sus comandantes le proporcionó la información exacta. No fue hasta las 4:00 p. m. que un oficial del cuartel general llegó con información directa: "He venido a decirles que ya no tenemos fuerza aérea".

La planificación y la estrategia militar de Israel, incluido el despliegue inicial de toda la Fuerza Aérea de Israel en el frente sur la mañana del 5 de junio, se orientaban a la esperanza de que la guerra se limitara a Egipto. Pero la planificación de las FDI también había considerado la posible entrada de Jordania y Siria en la guerra.

El primer ministro Levi Eshkol transmitió un mensaje urgente al rey Hussein de Jordania:

---

[123] GORENBERG, GERSHOM: *The Accidental Empire. Israel and the Birth of the Settlements*, 1967- 1977, p. 34
[124] HALEVI, YOSSI KLEIN: *Like Dreamers: The Story of the Israeli Paratroopers Who Reunited Jerusalem and Divided a Nation*, p. 68

"Estamos librando una batalla defensiva en el sector egipcio y no iniciaremos ninguna acción en el sector de Jerusalén a menos que Jordania nos ataque. Si Jordania ataca a Israel, la atacaremos con todas nuestras fuerzas."

El rey Hussein reconoció posteriormente:

"Israel nos advirtió que si no interveníamos, nos salvarían de consecuencias que, de otro modo, serían inevitables, pero para entonces ya no teníamos otra opción. Estábamos obligados a hacer todo lo posible para ayudar a nuestros aliados", declaró el rey.

Una vez cruzadas las líneas y ocupada la zona, los objetivos de la guerra pasaron de ser defensivos a ser liberadores.

Con siete brigadas bajo su mando, conocidas como el Comando Central, el mayor general Uzi Narkiss era responsable de combatir cualquier posible ofensiva jordana. La captura de la Ciudad Vieja no formaba parte del plan. Sin embargo, Narkiss, quien había luchado en la fallida batalla por la Ciudad Vieja de Jerusalén en 1948, tenía asuntos pendientes y quería aprovechar cualquier ataque jordano para tomar Cisjordania.

A las 10:00 a. m. del lunes 5 de junio de 1967, obuses del ejército jordano lanzaron el primero de 6.000 proyectiles contra la Jerusalén judía, comenzando por el kibutz Ramat Rachel en el sur y el Monte Scopus en el norte. El bombardeo continuó durante las siguientes diez horas, matando a veinte civiles, incluidos dos niños, e hiriendo a más de mil personas. Más de 900 edificios resultaron dañados, incluyendo hospitales, escuelas, el Museo de Israel, la residencia presidencial, el edificio de la Knéset y la casa contigua al primer ministro Levi Eshkol. Algunas tiendas se incendiaron. En el Zoológico Bíblico, murieron unos noventa animales. Las calles sufrieron graves daños y se quemaron árboles.

A pesar de su instinto de contraatacar con rapidez, Narkiss mantuvo la orden de resistir a menos que se lanzara un gran intento de invasión jordana. Incluso cuando los bombardeos árabes se intensificaron, las instrucciones del ministro de Defensa Moshe Dayan al comandante del frente central fueron: «Apretar los dientes y no pedir más tropas al Cuartel General».[125]

Al mediodía del martes 6 de junio, Dayan llegó en helicóptero a Jerusalén Oeste. Narkiss lo recibió y lo llevó en un jeep al Monte Scopus a través de un tramo de tierra capturado antes del amanecer de esa mañana. La vista desde el mirador es espectacular; la Cúpula de la Roca parece estar al alcance.

Narkiss dijo: «Moshe, tenemos que ir a la Ciudad Vieja».

Dayan respondió: «Rodea la ciudad amurallada desde el este», le dijo a Narkiss, «pero mantente alejado de todo ese Vaticano».

El hecho es que Dayan también quería conquistar la Ciudad Vieja, pero sin dañar los lugares sagrados que allí se encuentran, sin correr el riesgo de consecuencias diplomáticas.[126]

El miércoles 7 de junio, Menachem Begin y el primer ministro Eshkol, anticipando un inminente alto el fuego de la ONU, llamaron a Dayan. A las siete de la mañana, el ministro de Defensa entró en la sala de guerra y finalmente dio la orden de ocupar la Ciudad Vieja de Jerusalén lo antes posible.

---

[125] SACHAR, M. HOWARD.: *A History of Israel. From the Rise of Zionism to Our Time*, p. 644
[126] GORENBERG, GERSHOM: *The End of Days. Fundamentalism and the Struggle for the Temple Mount*, pp. 98- 99

A las 10:00 a. m., el coronel Mordechai "Motta" Gur, al mando de la 55.ª Brigada de Reserva de Paracaidistas que entró en la Ciudad Vieja de Jerusalén, anunció:

"¡El Monte del Templo es nuestro!".

El general Narkiss expresó lo que todos pensaban en ese momento:

> *"Jerusalén ha sido conquistada o invadida treinta y siete veces.*
> *En junio de 1967, liberamos nuestra ciudad para lo que esperamos sea la última vez y para lo que rezamos sea la primera generación de su completa redención."*[127]

. . .

Veinticuatro días antes, el Día de la Independencia de Israel, el rabino Tzvi Yehudah Hacohen Kook, director de la Yeshivá Merkaz ha-Rav de Jerusalén, pronunciaba su sermón anual del Día de la Independencia de Israel cuando, de repente, se interrumpió con un grito sollozante:

---

[127] NARKISS, UZI: *The Liberation of Jerusalem: The Battle of 1967*, p. 258

«¿Dónde están nuestras Hebrón, Siquem, Jericó y Anatot[128], arrebatadas al Estado en 1948 mientras yacíamos mutilados y sangrando?».

La brusquedad y la forma de la exclamación no parecían formar parte del sermón; más bien, fue una liberación espontánea de lo más profundo de su mente. Aun así, el mensaje era claro: la partición de la Tierra de Israel orquestada por potencias extranjeras era intolerable.

Tres semanas después del sermón, la tierra fue conquistada y las antiguas ciudades cuyos nombres el rabino había proclamado se hicieron realidad. Sus alumnos declararon que el sermón del Día de la Independencia de su maestro era una profecía.

El 7 de junio, los alumnos del rabino Zvi Yehuda, que se encontraban entre los primeros soldados en llegar al Muro Occidental del Templo destruido, pidieron a su comandante, Motta Gur, que enviara un jeep militar para llevar al rabino al muro. A su llegada, el rabino Kook declaró:

"Por la presente informamos al pueblo de Israel y al mundo entero que, bajo el mandato celestial, acabamos de regresar a casa, a las alturas de la santidad y a nuestra ciudad santa. Nunca nos moveremos de aquí".[129]

Más tarde, desde el púlpito, el rabino explicó la importancia de lo que acababa de suceder:

---

[128] Lugares históricos sagrados para el judaísmo
[129] Citado en S. Daniel, "You First Build on Sand and Then Proceed to Sanctify," *Hatzofe*, Iyar 23, 1973

Debemos ver la grandeza de este momento en su dimensión bíblica, y solo puede verse desde la perspectiva mesiánica... solo a la luz del Mesías.

El mesianismo religioso se había convertido en mesianismo político. La hoja de ruta de la redención estaba ahora en manos humanas. Y el conductor era el Partido Religioso Nacional.

· · ·

Una vez más, en la tarde del 6 de octubre de 1973, la primera ministra Golda Meir se dirigió al país por televisión y radio:

"Ciudadanos de Israel: Alrededor de las 14:00 de hoy, los ejércitos de Egipto y Siria lanzaron una ofensiva contra Israel... Las Fuerzas de Defensa de Israel están contraatacando y repeliendo el ataque. El enemigo ha sufrido graves pérdidas... Esperaban sorprender a los ciudadanos de Israel en el Día de la Expiación, mientras muchos rezaban en las sinagogas... Pero no nos sorprende... Nuestras fuerzas se desplegaron según fuera necesario para hacer frente al peligro. No dudamos de nuestra victoria, pero consideramos que la reanudación de la agresión egipcio-siria equivale a un acto de locura".[130]

---

[130] SACHAR, M. HOWARD: *A History of Israel: From the Rise of Zionism to Our Time*, p. 763

También conocida como la Guerra de Yom Kipur, fue el cuarto gran enfrentamiento militar entre Israel y los estados árabes desde 1948.

> *"Nadie se atrevió a dudar esta vez de que estábamos bajo amenaza de aniquilación. No se trataba de una disputa internacional normal, ni de una disputa fronteriza. No hacía falta tener un don especial para hacer analogías históricas y ver que en el ataque conjunto contra Israel, llevado a cabo por los ejércitos árabes y sus aliados de una docena de países, existía una intención genocida, una continuación de la guerra de Hitler contra el pueblo judío. La cuestión no era este o aquel pedazo de tierra; la cuestión era el derecho de Israel a la existencia nacional, el derecho del pueblo judío al espacio físico. Pero también había una dimensión metafísica. La guerra se inició en Yom Kipur porque se creía que ese día los soldados de primera línea estarían menos alerta que en otros días del año; esta era una consideración táctica importante".*[131]

A pesar del factor sorpresa y las amargas derrotas sufridas en los primeros días del combate, la Guerra de Yom Kipur terminó con una importante victoria israelí.

Sin embargo, la opinión pública israelí no lo vio de esta manera.

El liderazgo, representado principalmente por el Partido Laborista de Israel, que había desempeñado un papel fundamental en la toma de decisiones nacionales desde 1933,

---

[131] FISCH, HAROLD: *The Zionist Revolution: A New Perspective*, p. 91

había perdido irrevocablemente la confianza del pueblo. Como resultado del dolor colectivo por los miles de soldados fallecidos y los civiles heridos, el país había entrado en un estado de trauma nacional cuyos efectos perdurarían décadas.

. . .

En las elecciones de 1973, celebradas apenas dos meses después de la Guerra de Yom Kipur, Menachem Begin, líder del partido político de derecha, se alineó con una estrategia propuesta por el general retirado Ariel Sharon, considerado ampliamente un héroe del reciente conflicto. Juntos, buscaron consolidar un bloque más amplio de partidos de oposición contra el Partido Laborista, que había mantenido una posición dominante en el gobierno israelí desde la fundación del país.

Esta coalición se formó bajo el nombre de *Likud*[132].

La formación del Likud marcó un cambio significativo en la dinámica política israelí; las fuerzas de derecha se habían consolidado para desafiar la hegemonía que había mantenido durante tanto tiempo el Partido Laborista. La formación de esta coalición no solo reflejó el cambio de sentimiento del electorado israelí tras la Guerra de Yom Kipur, sino que también transformó el panorama político.

La mayoría de los israelíes sionistas, traumatizados por los atentados suicidas de la Segunda Intifada y desalentados por el auge de las fuerzas terroristas de Hezbolá y Hamás en los territorios de los que se retiraron, rechazaron el concepto de territorio por paz de la izquierda israelí por considerarlo un experimento fallido.

---

[132] *"Likud,"* significa en hebreo "consolidación."

Muchos israelíes mizrajíes, principalmente refugiados judíos de primera y segunda generación procedentes de países árabes, se sintieron atraídos por Begin porque percibían que la clase política actual los trataba como ciudadanos de segunda clase. Su abierto apoyo al judaísmo contrastaba marcadamente con el secularismo del Alineamiento Laborista, que alejó a muchos votantes mizrajíes. Esta división ideológica le permitió a Begin construir una sólida base política en la comunidad mizrají, cautivada por su visión y su retórica.

El 19 de junio de 1977, el Likud formalizó un acuerdo de coalición con el Partido Religioso Nacional, que contaba con doce escaños, así como con el partido Agudat Yisrael. Tras ocho horas de debate, el gobierno de Begin fue aprobado oficialmente en una votación de la Knéset el El 21 de junio de 1977, tras ocho horas de debate en una votación de la Knéset, el gobierno de Begin fue aprobado oficialmente, convirtiéndolo así en el nuevo primer ministro de Israel.

El país había elegido como líder al hombre que, durante la campaña electoral, había declarado que «entre el mar Mediterráneo y el río Jordán, solo existirá la soberanía israelí».

• • •

Una y otra vez, religiosos mesianistas judíos han intentado irrumpir en Haram al-Sharif/Monte del Templo para establecer la soberanía israelí allí y construir el Tercer Templo.

Su argumento era que la cuestión principal no son las oraciones, sino la soberanía. Control, propiedad, autoridad. Porque, ¿de qué sirve definir al Estado como judío si ha acordado compartir el lugar más sagrado para sus creyentes con los musulmanes? Y esa no es la única contradicción causada por el Estado religioso.

El Monte del Templo se encuentra en una zona que Israel ha anexado.[133]

Begin invitó a Moshe Dayan a ser su ministro de Asuntos Exteriores. Dayan tuvo que enfrentarse a la afirmación del jeque Azzam al-Khatib de que «este lugar pertenece al pueblo musulmán, y nadie más tiene derecho a rezar aquí. Si intentan tomar posesión de la mezquita, será el fin de los tiempos».

Al-Khatib, el director del Waqf, la fundación islámica que administra el lugar, había dicho que la mezquita era un símbolo unificador para los 1.200 millones de musulmanes del mundo y advirtió: "Esto creará ira y enojo no solo en Cisjordania sino en todo el mundo islámico, y solo Dios sabe lo que sucederá".[134]

Dayan reafirmó la decisión, conocida como el statu quo del Monte del Templo, emitida en 1967, según la cual los musulmanes rezarán en la Mezquita de Al-Aqsa y la Cúpula de la Roca, y los judíos en el Muro Occidental, la parte del muro de contención del Segundo Templo que aún se conserva. Además, determinó que a los judíos se les permitiría visitar el Monte del Templo únicamente como turistas, no como fieles.

Sin embargo, desde 1967, aproximadamente 27 organizaciones afiliadas al "Comité Conjunto de Organizaciones del Templo" han considerado cada día como una oportunidad perdida para comenzar la construcción del Tercer Templo[135].

¿Por qué, preguntan los fundamentalistas, deberían los judíos considerar el Muro Occidental, que no es más que los restos del

---

[133] BAR'EL, ZVI: "A War Over the Temple Mount Is Just a Matter of Time," "Haaretz," Apr 19, 2022

[134] BOOTH, WILLIAM and EGLASH, RUTH: "Jewish activists want to pray on Jerusalem's Temple Mount, raising alarm in Muslim world," "The Washington Post," December 2, 2013

[135] Para muchos cristianos conservadores alrededor del mundo, especialmente en Estados Unidos, la construcción del Templo es un requisito previo para la Segunda Venida.

patio exterior del Templo de Herodes, un lugar particularmente sagrado? ¿Qué clase de sionismo redentorista auténtico es aquel cuyos seguidores se plantan ante el Muro de las Lamentaciones y conmemoran hipócritamente la destrucción del Templo ayunando y lamentando la difícil situación de los judíos "incapaces" de "regresar a la Montaña del Señor y reconstruir el Templo?"[136]

Para rebatir este argumento, algunos pensadores israelíes, Gershom Gorenberg, periodista e historiador, posiblemente recordando la experiencia del período asmoneo, plantean el siguiente interrogante:

> *"¿Por qué el Muro de las Lamentaciones no es suficiente como centro judío? El Muro ya demuestra que nada divide tanto a los judíos como un lugar sagrado central; el Rabinato estatal ortodoxo que gobierna el lugar prohíbe a otras denominaciones judías, como la conservadora y la reformista, celebrar ceremonias allí. Añadir un templo solo agravaría el problema."[137]*

• • •

Setenta y cinco años después de que Ben-Gurión se opusiera a la instauración de una constitución, los asuntos pendientes que dividen a los ciudadanos de la tercera Mancomunidad Judía han irrumpido con virulencia.

---

[136] LUSTICK, IAN, S.: "Israel's Dangerous Fundamentalists," "Foreign Policy," Number 68, Fall 1987
[137] GORENBERG, GERSHOM: *The End of Days. Fundamentalism and the Struggle for the Temple Mount*, pp. 67- 68

Durante meses, a partir de 2023, cientos de miles de israelíes protestaron en las calles de las ciudades más grandes de Israel contra las políticas propuestas por el 37.º gobierno israelí[138] para lograr una profunda reforma judicial, argumentando básicamente lo mismo que se argumentaba en tiempos de Ben-Gurión:

Que el Tribunal Supremo se extralimitó en su autoridad (debido en gran parte a la ausencia de una Constitución), ignoró los deseos de la mayoría democrática y limitó la autoridad del gobierno para tomar decisiones. La oposición, por otro lado, argumentó que levantar la protección del Tribunal Supremo expondría los derechos individuales y de las minorías a los poderes coercitivos de la mayoría.

Pero, en última instancia, la cuestión divisoria fue la misma que atormentó a los asmoneos y resultó en la destrucción de la segunda Mancomunidad Judía, a saber:

¿En qué tipo de sociedad quieren vivir los judíos?

Tzipi Livni, quien formó parte de los gabinetes de los primeros ministros de derecha Ariel Sharon y Ehud Olmert antes de pasarse al centro, explicó la disyuntiva:

"La división está entre quienes creen que Israel debería ser un país más religioso con menos democracia y ven la democracia solo como un sistema electoral y no como un conjunto de valores, y quienes quieren que Israel siga siendo un estado judío y democrático."

---

[138] Asumido el 29 de diciembre, 2022

Ahora más que nunca, los israelíes se ven como miembros de subunidades ideológicas, religiosas o étnicas, más que como una sociedad con valores compartidos.

. . .

En 2015, Reuven Rivlin, décimo presidente de Israel, señaló que los niños nacidos en el Estado de Israel son asignados a uno de cuatro sistemas educativos únicos. Cada uno de estos sistemas está diseñado para educar al niño y moldear su visión del mundo con base en una ética o cultura, creencia religiosa o incluso identidad nacional diferente.

Un niño de un pueblo de colonos religiosos como Beth El, un niño árabe beduino de Rahat, un niño judío laico de Herzliya y un niño jaredí de Beitar Ilit no solo no se conocen, sino que además son educados para tener perspectivas completamente diferentes sobre los valores fundamentales y el carácter deseado de Israel.

Además de su propio pueblo y sistema escolar, cada tribu —la laica, la nacional-religiosa, la jaredí y la árabe—, como el presidente Rivlin denominó a estos diversos grupos, tiene su propia plataforma mediática, los periódicos que leen y los canales de televisión que ven.

. . .

Los judíos nunca han tenido una sola mentalidad. Israel comenzó como una confederación de tribus. Poco después de unirse bajo un sistema monárquico, se separaron en dos reinos: Judá e Israel. Luego, helenizadores y fanáticos, samaritanos y fariseos, judíos y cristianos, rabinos y caraítas, liberales y ortodoxos, sionistas y antisionistas.

Al hablar de las divisiones entre los judíos, mi maestro, el rabino Jacob B. Agus, decía:

> *Podemos emplear el lema «Somos uno», siempre y cuando entendamos que también somos muchos y diversos. Somos uno, como una familia de comunidades religiosas y nacionales, una familia de adultos lo suficientemente maduros como para seguir caminos separados y lo suficientemente leales a su tradición común como para sentir que forman «una sola comunidad».*

El pueblo judío, hasta el día de hoy sigue siendo una unidad, pero no es unánime. En lugar de servir como un pegamento que los une, el judaísmo se ha convertido en la fuente que divide a los judíos.

La política cultural israelí no tiene por qué ser un juego de suma cero, imponiendo los valores de una comunidad sobre las demás.

En lo que respecta a Israel, el modelo suizo —una federación de 26 cantones— y el sistema provincial canadiense son mencionados repetidamente.

La democracia suiza, por ejemplo, no es una democracia mayoritaria con ganadores y perdedores. Todos forman parte del gobierno, no solo del parlamento. En Suiza, todos los grupos de la población participan en la toma de decisiones, y ningún grupo puede ignorar por completo las opiniones, los derechos o los sentimientos de los demás. Los diferentes grupos tienen poder de veto, independientemente de su tamaño.[139]

---

[139] MASHIACH, ITAY: "A Federation, Cantons, Autonomous Regions? Suddenly Everyone Is Talking About Dividing Israel," "Haaretz," May 5, 2023

En 2014, el periodista Judd Yadid, junto al difunto psicólogo y filósofo Carlo Strenger diseñaron un mapa federalista integral con el objetivo de mantener la unidad nacional en Israel y, al mismo tiempo, permitir la expresión de las diversas identidades del país.

La propuesta incluía ideas detalladas para el establecimiento de una provincia religiosa ortodoxa que abarcaría a la mayoría de los judíos religiosos del país, garantizando así su máxima autonomía cultural. Esta provincia se extendería desde el extremo noroeste de Jerusalén hasta Beit Shemesh, Modi'in y Bnei Brak.

La gran provincia de Tel Aviv, que es la suma del actual distrito de Tel Aviv menos Bnei Brak y Petaj Tikva, se situaría en el extremo opuesto del espectro.

Al redefinir los distritos Norte y Sur, se salvaguardarían los derechos territoriales de las minorías y se establecería una cadena continua de provincias de mayoría judía que abarcaría todo el país.

Con un dejo de ironía, el Dr. Strenger escribió:

Al igual que en Suiza y Estados Unidos, la mayoría de los impuestos irán a los estados que conforman la república en lugar del gobierno federal. Que los ultraortodoxos discutan entre ellos sobre si quieren mantener separados a hombres y mujeres en el autobús. Que tengan teléfonos celulares kosher y que solo enseñen a sus hijos temas judíos. Que también decidan cómo financiarán su estado.

En el estado de Judea, que la derecha sionista discuta sobre si las mujeres pueden cantar en eventos públicos, si se debe enseñar a los niños que Shimon Bar Kojba fue un héroe y si el rey David debe ser el modelo ideal para futuros líderes. Si quieren, pueden convertir su estado en un reino, que es lo que un creciente número de rabinos sionistas religiosos desean de todos modos.[140]

Los proponentes de la cantonización sostienen que Israel debería y puede alcanzar un nivel de autonomía similar al de los cantones suizos en ámbitos diversos, como ser la educación, la salud y el estatus personal (incluyendo el matrimonio).

· · ·

Es un hecho que no se puede alcanzar una destinación si no se sabe adónde se va. Los judíos saben adónde van; simplemente discrepan en cómo llegar allí.

Los judíos saben adónde van porque el judaísmo es una cultura orientada a alcanzar objetivos.

Su inquietud se centra en la habilidad de cada judío para responder a los desafíos, obstáculos, interrogantes y logros que se les plantean.

Los enemigos de los judíos tienen razón. El líder de Hizbulá, la organización terrorista con sede en el Líbano que ha causado tanto caos y muerte en todo el mundo, por ejemplo, declaró: «Los judíos aman la vida, así que eso es lo que les arrebataremos. Vamos a ganar porque ellos aman la vida y nosotros amamos la muerte».

Tenía razón en su premisa; se equivocó en su conclusión. Como todos aquellos que, a lo largo del tiempo, han dedicado sus esfuerzos a intentar destruir a los judíos.

El objetivo del judaísmo para su pueblo fue enunciado hace más de dos mil seiscientos años en la Torá:

---

[140] STRENGER, CARLO: "Give Israel's secular liberals their own state," "Ha'aretz," January 9, 2012

«Elige la vida».[141]

No nación, no creencia religiosa, no concepto, los que en última instancia no son más que instrumentos para que los seres humanos sobrevivan y no perezcan.

El versículo bíblico completo dice:

"Pongo al cielo y a la tierra como testigos. Ante ti he puesto la vida y la muerte, la bendición y la maldición. Debes elegir la vida para que tú y tu descendencia sobrevivan".

---

[141] *Deut.* 30: 19

Bibliografía

La historia de los asmoneos es relatada en el *Primer y Segundo Libro de los Macabeos*, y en los escritos del historiador griego Polibio (ca. 204-122 a.e.c.).

La fuente más extensa sobre el evento en Judea durante los cuarenta años desde aproximadamente 175 hasta 135 a.e.c. *1 Macabeos* fue escrita por un autor anónimo en algún momento durante el reinado de Juan Hircano (135-104 a.e.c.), probablemente antes de 125 a.e.c. *1 Macabeos* a menudo ha sido considerado la fuente más confiable sobre la revuelta Macabea en gran parte debido a su narrativa objetiva, que carece de elementos evidentes de milagro o intervención sobrenatural. Recientemente, sin embargo, los estudiosos han reconocido la tendencia subyacente de la escritura, y ahora consideran que la apariencia de sencillez es una de las artes del narrador. Ahora se acepta generalmente que *1 Macabeos* fue en cierta medida la versión oficial de la dinastía asmonea y, por lo tanto, un relato desde el punto de vista macabeo.[142]

El relato de Flavio Josefo se basa en *1 Esdras*, la versión griega del libro de *Ester*, y algunas tradiciones judías extra-bíblicas no identificadas.

La Guerra de los judíos (abreviada comúnmente como *Guerra*). *Antigüedades de los judíos* (*Antiq*.). *Contra Apión (CA)*.

---

[142] GRABBE, LESTER, L.: El judaísmo desde Ciro hasta Adriano, Vol. I, p. 223

Autores contemporáneos

ACKOYD, PETER, R.: *Exile and Restoration: A Study of Hebrew Thought of the Sixth Century B.C.* Philadelphia. The Westminster Press. 1968.

AGUS, J.B.: *The Meaning of Jewish History.* Vol. I. USA. Abelard-Schuman. 1963.

AKENSON, DONALD HARMAN: *Surpassing Wonder: The Invention of the Bible and the Talmuds.* Chicago. The University of Chicago Press. 2001.

ALBERTZ, RAINER: *Israel in Exile: The History and Literature of the Sixth Century B.C.E.* Atlanta. Society of Biblical Literature. 2003.

ASSMAN, JAN: *Religion and Cultural Memory: Ten Studies.* Stanford: Stanford University Press. 2006

AVI-YONAH, M.: The Jews of Palestine: A Political History from the Bar Kokba War to the Arab Conquest. New York: Schocken Books, 1976.

BAR-KOCHVA, BEZALEL: *Judas Maccabaeus: The Jewish Struggle Against the Seleucids.* Cambridge: Cambridge University Press, 1989.

BARON, SALO, WITTMAYER: *A Social and Religious History of the Jews.* Vol. I. Philadelphia. Philadelphia: The Jewish Publication Society of America. 1952.

BAUMGARTEN, ALBERT, I.: The Flourishing of Jewish Sects in the Maccabean Era: An Interpretation. Atlanta: Society of Biblical Literature, 1997.

BIALE, DAVID: Power & Powerlessness in Jewish History. New York. Schoken Books. 1986.

BICKERMAN, ELIAS: *From Ezra to the Last of the Maccabees.* New York. Schocken Books. (1949) 2nd. 1966.

BICKERMAN, ELIAS, J.: *The Jews in the Greek Age.* Cambridge. Massachusetts. Harvard University Press. 1988.

BLENKINSOPP, JOSEPH: *Judaism: The First Phase. The Place of Ezra and Nehemiah in the Origins of Judaism.* Grand Rapids, Michigan. William B. Eerdmans Publishing Company. 2009.

BOCCACCINI, GABRIELE: Roots of Rabbinic Judaism: An Intellectual History, from Ezekiel to Daniel. William B. Eerdmann Publishing Company. Grand Rapids, Michigan/Cambridge, U.K. 2002.

CARROLL, ROBERT, P.: Jeremiah: A Commentary. Philadelphia. The Westminster Press, 1986.

CHILDS, BREVARD, S.: Memory and Tradition in Israel. London. SCM Press Ltd., 1962.

CLINE, ERIC, H.: *Jerusalem Besieged: From Ancient Canaan to Modern Israel.* Ann Arbor, The University of Michigan Press, 2004.

COHEN, SHAYE, J.D.: *From the Maccabees to the Mishnah.* Louisville. London. Westminster John Knox Press, 2006 [2nd, 1st 1989].

DAVIES, PHILIP, R.: "Sect Formation in Early Judaism," in *Sectarianism in Early Judaism: Sociological Advances*, David J. Chalcraft (ed.). 2007

DAVIES, PHILIP, R.: *Memories of Ancient Israel: An Introduction to Biblical History—Ancient and Modern.* Louisville, London. Westminster. John Knox Press. 2008.

DIMONT, MAX: *The Indestructible Jews: Is There a Manifest Destiny in Jewish History?* New York and Cleveland, The World Publishing Company, 1971.

FACKENHEIM, EMIL, L.: *Encounters Between Judaism and Modern Philosophy. A preface to Future Jewish Thought.* New York. Schocken Books. 1980 [1st. 1973].

GERA, DOV: *Judaea and Mediterranean Politics 219 to 161 B.C.E.* Leiden. New York. Koln. Brill. 1998

GMIRKIN, RUSSEL: The War Scroll, the Hasidim, and the Maccabean Conflict," http://cojs.org/the_war_scroll-_the_hasidim-_and_the_maccabean_conflict-_russel_gmirkin/

GOTTWALD, NORMAN, K.: The Politics of Ancient Israel. Louisville, Kentucky, Westminster John Knox Press. 2001.

GOODMAN, MARTIN: The Ruling Class of Judaea: The Origins of the Jewish Revolt Against Rome A.D. 66-70. New York. Cambridge University Press. 1993 [1st. 1987].

GRABBE, LESTER, L.: *Judaism from Cyrus to Hadrian. Volume One: The Persian and Greek Periods*. Minneapolis. Fortress Press. 1992.

GRABBE, LESTER, L.: Ezra-Nehemiah. London and New York. Routledge. 1998.

GRUEN, ERICH, S.: *Heritage and Hellenism: The Reinvention of Jewish Tradition*, University of California Press, Berkeley, Los Angeles, London, 1998,

HAIGH, REBEKAH: "Rebel Priests: The De Facto High Priesthood of the Early Maccabean Brothers," "Emory University," 2016. Permanent URL: https://etd.library.emory.edu/concern/etds/05741s38g?locale=d

HALBWACHS, MAURICE: *On Collective Memory*. Chicago and London. The University of Chicago Press. 1992.

HAYES, R. CHRISTINE: *Gentile Impurities and Jewish Identities: Intermarriage and Conversion from the Bible to the Talmud*, New York. Oxford. 2002

HENRIQUES, JAMES CONNELL: "The Identity of the Hasideans of 1 and 2 Maccabees: A Re-Examination of the Topic with a Focus on the History of Scholarship," A Thesis Submitted to the Graduate Faculty of the University of Georgia in Partial Fulfillment of the Requirements for the Degree Master of Arts," Athens, Georgia, The University of Georgia, 2009.

INBARI, MOTTI: Jewish Fundamentalism and the Temple Mount: Who Will Build the Third Temple? New York. State University of New York. 2009.

JONAS, HANS: *The Gnostic Religion. The Message of the Alien God and the Beginnings of Christianity.* U.S., Beacon Press 1963 [1st. 1958].

KAMPEN, JOHN: *The Hasidean and the Origin of Pharisaism: A Study in 1 and 2 Maccabees.* Atlanta. Scholars Press Society of Biblical Literature. 1988

KESSLER, JOHN: "Persia's Loyal Yahwists: Power, Identity, and Ethnicity in Achaemenid Yehud," in *Judah and the Judeans in the Persian Period,* ODED LIPSCHITS and MANFRED OEMING (eds.). Winona Lake, Indiana. Eisenbrauns. 2006

KIDNER, DEREK: Ezra and Nehemiah: An Introduction and Commentary. Illinois: Intervarsity Press. 1979.

LIPSCHITS, ODED: ""Achaemenid Imperial Policy, Settlement Processes in Palestine, and the Status of Jerusalem in the Middle of the Fifth Century B.C.E.": Critical Notes on the Myth of the Mass Return," in *Judah and the Judeans in the Persian Period,* Oded Lipschits and Manfred Oeming (eds.) Winona Lake, Indiana. Eisenbrauns. 2006

LIVERANI, MARIO: *Israel's History and the History of Israel.* London, Oakville. Equinox. 2003/2005

LUSTICK, S. IAN: For the Land and the Lord: Jewish Fundamentalism in Israel. New York: Council of Foreign Relations Press. 1988.

MAZAR, BENJAMIN: "The Tobiads," "Israel Exploration Journal" 7. 1957

MYERS, JACOB, M.: *Ezra- Nehemiah.* New Haven and London. Yale University Press. 1965. NEUSNER, JACOB: *Rabbinic Judaism: The Theological System.* Boston/Leiden: Brill. 2002

NOTH, MARTIN: *Historia de Israel.* Barcelona. Ediciones Garriga, S. A. Barcelona. https://www.scribd.com/doc/284364166/Noth-Martin-Historia-de-Israel

OLMSTEAD, A. T.: *History of the Persian Empire.* Chicago & London: Chicago University Press, 1948.

RACKMAN, EMANUEL: *Israel's Emerging Constitution 1948-1951.* New York. Columbia University Press. 1955. ROWLEY, H. H.: *The Relevance of Apocalyptic.* Greenwood, S.C. 1944.

SAND, SHLOMO: *The Invention of the Jewish People.* London-New York. Verso. 2009.

SCHÄFER, PETER: "The Hellenistic and Maccabaean Periods," in HAYES, JOHN, H. and MILLER, MAXWELL, J. (eds.): *Israelite and Judaean History.* Philadelphia: The Westminster Press. 1977.

SCHNIEDEWIND, WILLIAM, M.: *How the Bible Became a Book: The Textualization of Ancient Israel*, Cambridge, New York, Cambridge University Press, 2004.

SCHNIEDEWIND, WILLIAM, M.: *Society and the Promise to David: The Reception History of 2 Samuel 7:1-17*, New York, Oxford University Press, 1999.

SCHWARTZ, DANIEL, R: "Antiochus IV Epiphanes in Jerusalem," Dept of Jewish History, Hebrew University, https://orion.huji.ac.il/symposiums/4th/papers/Schwartz99.html

SCHWARTZ, SET: *Imperialism and Jewish Society 200 BCE-640 CE*, Princeton; Oxford: Princeton University Press. 2001)

SMITH, MORTON: *Palestinian Parties and Politics that Shaped the Old Testament.* New York and London, SCM Press Ltd. (2nd) 1987.

STERN, EPHRAIM: "The Religious Revolution in Persian-Period Judah," in *Judah and the Judeans in the Persian Period*, ODED LIPSCHITS and MANFRED OEMING (eds.). Winona Lake, Indiana. Eisenbrauns. 2006

STERN, MENAHEM: "The Hasmonean Revolt and Its Place in the History of Jewish Society and Religion," in Jewish Society Through the Ages, H. H. Ben- Sasson and S. Ettinger (eds.), New York. Schocken Books. 1967 [1969].

TCHERIKOVER, VICTOR: *Hellenistic Civilization and the Jews.* Atheneum. New York, 1979. 563 pages.

VANDERHOOFT, DAVID STEPHEN: *The Neo-Babylonian Empire and Babylon in the Latter Prophets.* Scholars Press. Atlanta, Georgia, 1999.

VANDERKAM, JAMES, C.: *From Joshua to Caiaphas: High Priests After the Exile.* Minneapolis. Fortress Press. 2004.

WEINFELD, MOSHE: *Normative and Sectarian Judaism in the Second Temple Period.* London-New York. T & T Clark International. 2005.

WEINSTEIN, SARA EPSTEIN: *Piety and Fanaticism: Rabbinic Criticism of Religious Stringency.* Northvale, New Jersey. Jason Aronson Inc. 1997.

WIDENGREN, GEO: "The Persian Period," in HAYES, JOHN, H. and MILLER, MAXWELL, J. (eds.): *Israelite and Judaean History.* Philadelphia. The Westminster Press, 1977.

YERUSHALMI, YOSEF HAYIM: Zakhor: Jewish History and Jewish Memory. Seattle Washington. University of Washington Press. 1996.

ZEITLIN, SOLOMON: *The Rise and Fall of the Judaean State.* Vol. One 332-337 B.C.E. Philadelphia. The Jewish Publication Society of America, 1968.

ZERUBAVEL YAEL: Recovered Roots: collective memory and the making of Israeli national tradition. Chicago and London. The University of Chicago Press. 1995.

www.ingramcontent.com/pod-product-compliance
Lightning Source LLC
Chambersburg PA
CBHW061648120626
46550CB00003B/872